AF297502

JOURNAL

D'UN

COLON D'ALGÉRIE,

PAR CH. DUBOIS.

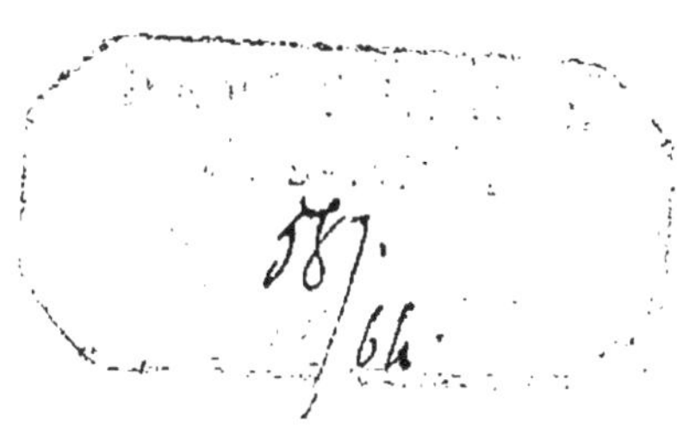

STRASBOURG,

IMPRIMERIE D'ÉDOUARD HUDER,

4, rue des Veaux.

1864.

AVANT-PROPOS.

Ecrites aux lieux mêmes où se passa l'histoire qu'elles racontent, ces pages n'ont pas la prétention d'intéresser le lecteur par une série d'aventures péniblement inventées et disposées avecart. Peindre fidèlement les lieux qui sont le cadre du tableau, retracer en toute simplicité la véridique histoire d'une famille que la Providence a conduite du malheur à une position heureuse, par des voies dont la sagesse ne se laisse apercevoir qu'à la fin, tel a été l'unique but de l'auteur : il espère que le lecteur sera assez indulgent pour ne pas lui demander davantage.

JOURNAL

D'UN

COLON D'ALGÉRIE.

Il y a vingt deux ans environ, le village d'Oberk...
en Alsace avait pour instituteur un homme de bien,
qui y jouissait de l'estime générale. Cet honnête
homme, établi depuis longues années dans le village,
s'y était marié avec la sœur d'un fermier du même
endroit. De ce mariage étaient nés une fille, âgée de
dix-sept ans environ, au moment où s'ouvre ce récit,
et un garçon qui entrait dans sa onzième année. Ces
deux enfants faisaient la joie de l'instituteur ; déjà
même il songeait parfois à marier sa fille au fils de
son beau-frère. Il est vrai que ce n'était là qu'une
espérance encore douteuse. En effet, bien que Sophie et son cousin Frédéric eussent depuis longtemps
conçu la plus vive affection l'un pour l'autre, ils ne
se dissimulaient pas que leur union ne se ferait point
sans difficultés. Le père de Frédéric, homme riche et
avare, paraissait assez mal disposé à l'égard de son
beau-frère l'instituteur, dont les ressources étaient
à peine suffisantes pour le faire vivre. On ne pouvait

douter que le fermier ne nourrît l'espoir de faire entrer son fils unique dans une famille plus riche que ne l'était celle de Sophie.

Toutefois, rien n'était encore désespéré, et les deux amants, ainsi que le père de Sophie, pouvaient garder quelque confiance de voir s'aplanir les obstacles qui s'opposaient à ce mariage, objet de leurs désirs.

Un événement inattendu vint déranger tous ces projets de bonheur, et l'instituteur, naguère si tranquille, se vit tout à coup assailli par les plus cruelles épreuves.

Un frère, plus âgé que lui, à peine sorti d'une prison où sa mauvaise conduite l'avait fait enfermer, vint s'établir dans sa maison ; il s'y imposa par la terreur, menant une vie oisive, volant son frère, fréquentant les cabarets et donnant partout de lui-même l'opinion la plus déshonorante et la plus méritée. Les vices du nouveau venu furent exploités par les ennemis de l'instituteur qu'une telle conduite affligeait cependant plus qu'aucun autre. Il se forma un parti contre lui ; on prétendit qu'il était trop faible à l'égard de son frère, que sa position fausse le décriait aux yeux de tous, qu'il était indigne désormais de la confiance des familles. Ces accusations perfides furent méchamment accueillies par le riche fermier dont l'instituteur avait épousé la sœur: il s'éloigna de ses malheureux parents.

En peu de temps, la calomnie avait fait son chemin : présentée au recteur par un homme influent, elle avait indisposé le chef de l'Académie contre un de ses subordonnés dont la voix ne put parvenir assez tôt à ses oreilles. L'instituteur reçut tout à coup l'ordre de quitter Oberk...; on l'envoyait tenir une école dans une misérable commune située à l'autre extrémité du département.

Cette disgrâce jeta le desespoir dans son âme. Un seul homme vint alors le consoler. C'était un ancien soldat, nommé Diemer. Revenu de l'Afrique depuis quelques années, cet homme, que l'on craignait à Oberk.... plutôt qu'on ne l'y estimait, sembla se mettre tout entier du parti de l'instituteur malheureux. Laissant de côté sa froideur habituelle et son air dur, il arriva chez notre ami ; il est vrai que celui-ci lui avait autrefois prêté une somme assez forte eu égard à son peu de fortune.

L'instituteur fut touché profondément de cette marque de reconnaissance, et dès lors il se laissa guider entièrement par les conseils de Diemer. Celui-ci lui représenta qu'il ne pouvait vivre dans le poste que ses chefs lui assignaient ; il lui conseilla de quitter la France , il lui peignit l'Algérie sous les traits les plus capables de le séduire ; il lui dit qu'il y trouverait promptement une honnête aisance et le bonheur. Tous ces conseils, toutes ces promesses eurent un prompt effet sur l'esprit de l'instituteur et sur celui de sa femme : rien ne les retenait plus en France, ils se résolurent à joindre leurs économies à celles de leur nouvel ami pour aller avec lui chercher en Algérie des jours plus prospères. Ils n'avaient qu'un seul regret en partant, c'était de n'avoir pu unir leur fille à celui qu'elle aimait.

L'instituteur qui est le héros de cette histoire en avait consigné les moindres événements dans un journal rédigé chaque soir. Il nous a semblé qu'il s'était un peu trop étendu sur les débuts de ce récit ; tous ces détails, si chers pour lui, eussent peut-être fatigué le lecteur ; nous les avons abrégés. Désormais nous lui rendons la parole à lui-même ; c'est lui qui va nous raconter ses joies et ses douleurs de chaque jour........

Oberk... (Alsace), 10 septembre 1841.

Dans une semaine à pareil jour, nous serons déjà bien loin de ce village où, depuis bientôt vingt an-

8

nées, je vivais d'une vie si tranquille, si voisine même
de cet état où les jours de joie l'emportant sur les
jours de larmes, l'homme se peut dire heureux. Demain, nous vendrons notre humble mobilier, et les
derniers liens qui nous attachent ici seront ainsi rompus et rompus pour toujours.

Ah! quelle triste chose qu'un départ, et surtout
lorsque l'on dit adieu à la patrie pour aller dans une
terre éloignée s'exposer à tous les caprices de la
fortune! Diemer soutient seul notre courage; il paraît
porter à ma fille un intérêt tout paternel et je m'a-
perçois avec joie que ses conversations enjouées, sa
gaité toujours égale, ses projets confiants dans l'avenir, produisent parfois un heureux effet sur l'esprit
de ma femme et sur celui de Sophie; mais le sourire
qu'il amène sur les lèvres de cette dernière est toujours bien près des larmes.

14 septembre 1811.

Combien la journée d'hier a été triste! nos meubles
rangés dans la cour, notre maison toute bouleversée
comme au moment d'un incendie, tant d'objets, auxquels nous avions attaché une partie de notre cœur,
qui nous rappelaient chacun leur souvenir bien connu,
celui-ci, mes travaux dans mon cabinet paisible, celui-
là, nos joyeux repas en famille, tous ces objets ex-
posés aux regards des indifférents, annoncés par la
voix glapissante, injurieuse, d'un crieur public, et puis
l'insouciance, le mépris gravés sur les traits des vil-
lageois venus des environs, c'était là un spectacle
qui me déchirait le cœur et je bénissais Dieu d'avoir
eu l'idée d'en éloigner ma femme et ma fille. Je les
avais fait cacher dans ma classe et, de temps en
temps, j'allais les consoler durant quelques rapides
instants.

Le soir venu, Diemer nous emmena chez un de ses amis, dans la maison duquel il nous avait fait préparer un gîte.

En traversant les champs pour nous rendre à cette maison hospitalière, située à une assez longue distance du village, j'aperçus mon neveu Frédéric. Caché derrière un bouquet de sapins, il semblait nous attendre. Ma fille le vit aussi: elle devint pâle, ses jambes se dérobèrent sous elle, je crus qu'elle allait perdre connaissance. Diemer et moi, nous la soutînmes, et c'est ainsi que nous arrivâmes chez les braves gens, les seuls dont le cœur et la maison ne nous fussent point fermés dans ce jour de deuil. J'avais craint que Frédéric ne nous suivît: un regard jeté en arrière me fit penser que je m'étais trompé.

Mais à peine étions-nous depuis quelques minutes assis devant la table servie pour nous, Frédéric entra. Je fus très-affligé de sa venue, car je craignais que son père n'en fût averti. Je redoutais aussi l'émotion cruelle qu'allaient causer à ma fille la vue de celui qu'elle aimait tant et les adieux suprêmes qu'il faudrait lui faire. Tout embarrassé, presque fâché contre Frédéric, je le regardai d'un œil sévère; je fus même sur le point de le congédier brusquement. Mais Sophie paraissait si heureuse de le voir; le pauvre garçon semblait si honteux, si affligé, que je sentis ma colère faire place à la plus douce compassion et je le laissai s'asseoir entre Sophie et sa mère. Ses parents sont sans doute bien coupables envers nous, mais avait-il pour cela cessé de m'être uni par des liens d'ordinaire bien étroits? avait-il perdu une seule des nobles qualités qui me le faisaient chérir autrefois?

«Mon oncle, me dit-il, pardonnez-moi de n'avoir pu vous laisser partir sans vous embrasser une dernière fois. Mais ne craignez rien, mon père ne peut soupçonner que je sois ici. Depuis hier, il me croit

parti pour un village éloigné où il m'envoie cherchei
un attelage de bœufs.»

Durant plus d'une heure, Frédéric resta donc avec
nous. J'admirai bien des fois son courage, pendant
cette dernière entrevue. La crainte d'affliger Sophie
pouvait seule lui donner la force de se montrer aussi
gai, aussi confiant dans l'avenir. Quant à ma fille,
elle parlait à peine, mais ses yeux, fixés sur son
cousin, mais le son tremblant de sa voix, lorsqu'elle
répondait à ses questions, tout me faisait mieux
comprendre la profondeur de l'amour qu'elle lui
porte.

Enfin, au bout d'une heure, je jugeai qu'il était
prudent de mettre fin à cette scène, pénible pour nous
tous, et en particulier pour ma fille.

Je dis à Frédéric que sa tante et sa cousine avaien'
besoin de repos, après une journée toute remplie
d'émotions douloureuses :

Mon bon Frédéric, ajoutai-je, je sais combien tu
aimes Sophie ; mon désir le plus ardent eût été de te
la donner pour femme ; je ne le puis et tu dois comprendre, sans que j'aie besoin de te l'expliquer, quel
obstacle invincible s'y oppose. Mais l'avenir est à
Dieu : aie confiance en lui ; j'espère qu'il te récompensera un jour de ton obéissance à la volonté de tes
parents. Peut-être même.....

Je n'osai achever l'expression de ma pensée. Ou-
vrant alors mes bras à Frédéric, je l'y serrai avec
autant de tendresse que s'il eût été mon fils. Puis, il
embrassa sa tante, son jeune cousin et Sophie. Celle-
ci, toute honteuse, désespérée, suffoquait de sanglots
et ne pouvait cependant verser une larme. Enfin, je
les séparai, et Frédéric, avant de quitter sa main qu'il
serrait avec ardeur, s'écria :

A revoir, Sophie ! à revoir ! mes amis ! je ne vous
quitte pas pour longtemps!...

Il partit, nous laissant sous l'impression de ses dernières paroles.

La maison hospitalière où se passa cette scène étant fort petite, Diemer nous avait tout de suite quittés pour aller passer la nuit dans la sienne et donner un dernier coup d'œil aux préparatifs de son départ. Il n'assista donc point aux derniers adieux que Frédéric vint nous faire. Lorsque je lui fis ce matin cette confidence :

Encore lui ! murmura-t-il d'un air mécontent, vous eussiez dû l'éloigner dès l'abord. Je ne comprends pas votre faiblesse : est ce ainsi que vous espérez faire rentrer le calme dans le cœur de votre fille ?

A la rigueur, ces observations sont justes ; cependant je les ai écoutées avec déplaisir. La froide sévérité de notre nouvel ami me fait peine.

16 septembre.

Notre départ n'a pu s'effectuer ni hier, ni aujourd'hui ; Sophie est gravement indisposée ; j'ai consacré ces deux jours à visiter encore, tantôt seul, tantôt avec ma femme, les environs de ce village que nous avons tant aimé. Le spectacle du soleil couchant, qui inondait ce soir les Vosges de ses teintes les plus belles et lançait ses rayons dorés sur la plaine du Rhin étendue à nos pieds, ce spectacle grandiose nous a, durant quelques moments, retenus loin de nos enfants. Là, tout seuls, en face de ce riant pays, qui renferme tous nos souvenirs, nous avons, ma femme et moi, repassé doucement notre vie d'autrefois, et notre œil plein de larmes apercevait chaque endroit à mesure qu'il nous rappelait les scènes dont il avait été le témoin. Puis nous avons porté nos regards vers l'avenir, et nous nous sommes demandé si le soleil d'Afrique serait aussi doux à considérer que notre soleil d'Alsace, s'il verrait, lui aussi, couler nos pleurs, et si le bon Dieu ne nous accorderait pas un jour cette joie de venir encore nous asseoir dans ces lieux où s'écoula notre jeunesse.

Demain, à l'aurore, nous nous mettrons en route pour notre patrie nouvelle.

Marseille, 21 septembre 1841.

Cinq jours se sont écoulés déjà, depuis que nous avons dit adieu à notre village, et cependant il semble que nous venons de le quitter à peine, tant notre douleur est demeurée vive et poignante ! On eût dit que chaque pas qui nous éloignait de l'Alsace était un pas fait vers la tombe. Que de fois, durant ce triste et long parcours, j'ai surpris des larmes furtives sur les joues de ma femme ! Que de fois, durant la nuit, je me suis moi-même laissé abattre par la douleur ! Combien cette douleur était-elle augmentée encore, lorsque j'entendais à côté de moi les soupirs étouffés de ma fille ! Veuille le Seigneur la récompenser un jour de ce sacrifice cruel qu'elle accomplit avec un courage à la fois si simple et si grand !

Nous sommes arrivés à Marseille, avant-hier dans la soirée : hier, c'était dimanche. Nouveau-venus dans la ville, désireux de la visiter, et surtout pressés par un irrésistible besoin de chercher au milieu de la foule des distractions à nos larmes, nous avons passé toute cette journée hors de notre humble auberge.

Oh ! oui, ce ciel du midi est bien splendide ; cette grande ville est bien animée et bien belle ; son vaste port, tout hérissé des mâts de mille navires, ses quais, sillonnés en tous sens par une foule où se confondent toutes les nations, tout ce spectacle, si nouveau pour nous, eût dû nous intéresser vivement, et pourtant, ma femme et mes enfants promenaient sur toutes ces choses un œil indifférent et affligé. Cette triste pensée s'offrait sans cesse à leur esprit: le village natal est déjà loin, et, dans quelque jours, nous en serons séparés par la mer : peut - être ne nous sera-il jamais donné de la traverser une seconde fois pour revenir à ces lieux si chers! Moi-même, maintenant que me voici engagé duns ce long voyage, je sens parfois mon courage faiblir, et j'ai besoin de me rappeler mes devoirs pour réveiller mon énergie. un instant abattue.

Comme nous errions au hasard sur les quais tout remplis par la foule ; nos regards se portèrent vers une chapelle qui se dressait devant nous sur un roc.

Quelle est cette chapelle ? demandai-je à un matelot. — C'est Notre-Dame-de-la-Garde, me répondit cethomme, et il nous' fit en quelques mots rapides la touchante histoire de ce pèlerinage célèbre.

Mon ami, me dit ma femme, lorsque nous eûmes quitté le matelot, tu me ferais grand plaisir d'y venir avec nous faire une courte prière. — Ma fille témoigna le même désir. avec plus d'empressement encore.

- De tout cœur, répondis-je. Moi aussi, je suis pressé d'aller demander à Dieu et à la Vierge le calme et la force d'esprit que nous cherchons en vain au milieu de cette foule, Et vous, dis-je à Diemer, ne viendrez-vous point avec nous.

Ma foi, non ! me répondit-il. Ma maxime en toute occasion, c'est que l'on doit laisser à chaque homme la liberté de faire ce qui lui semble bon. Allez donc à l'église, puisque telle est votre envie ; pour moi, je me sens d'humeur à choisir un passe-temps plus gai.

Ce disant, il me serra la main et nous l'eûmes bientôt perdu de vue. Ma femme, ma fille et moi, nous nous regardâmes avec tristesse ! Tout était donc commun entre notre compagnon et nous, tout, excepté la foi ! Cette pensée nous fit mal.

La soirée de ce jour sera marquée cependant par un doux souvenir. Pourquoi faut-il que nous n'y puissions point encore associer Diemer ? Notre union avec lui ne sera-t-elle donc jamais qu'une union de pur intérêt, dans laquelle le cœur n'aura point sa part ?

Au retour de notre pèlerinage, lorsque nous entrâmes dans la chambre que nous occupions à l'auberge, nous entendîmes, dans la pièce voisine, un grand bruit de voix et des cris de jeunes enfants : nous reconnûmes aussitôt les accents de notre bonne vieille langue allemande, et notre émotion fut encore augmentée, lorsqu'au milieu de la conversation engagée si près de nous, nous distinguâmes quelques-unes des expressions particulières au dialecte du pays que nous avions quitté.

Incapable de résister plus longtemps au désir qui me pressait de visiter les nouveau-venus, j'allai frapper à la porte de leur chambre.

Entrez ! me cria une voix d'homme.

J'entrai et me trouvai au milieu d'une famille d'émigrants, composée du père, de la mère et de quatre enfants en bas âge,

Aussitôt je me fis connaitre. Le chef de la famille me salua comme un ami.

Soyez-le bien-venu ! me dit-il. Vous voyez des gens bien embarrassés, bien éprouvés par la mauvaise fortune. Après avoir, durant quatre années consécutives, enduré dans notre pays tout ce que la misère peut faire souffrir, nous nous sommes enfin laissé tenter par l'invitation de l'un de mes frères qui nous appelle en Amérique. Il n'est pas riche, mais c'est un bon cœur; j'ai l'espoir qu'il nous pourra être utile.

J'engageai cette famille à venir partager notre souper. Ils acceptèrent de grand cœur, et, les emmenant dans notre chambre, je leur fis faire connaissance avec ma femme et mes enfants. Diemer, qui venait de rentrer, fut le seul qui ne les accueillit pas aussi cordialement que je l'eusse souhaité.

Durant le repas, je remarquai que la femme ne mangeait pour ainsi dire pas.

Souffrez-vous ? lui demandai-je avec intérêt.

Non, me répondit-elle et elle se mit à pleurer.

La vue de sa douleur nous émut vivement. Son mari, prenant alors la parole, nous dit d'une voix aussi calme que triste :

La pauvre femme ! Elle a été prise des fièvres, il y a six mois. Quand nous partîmes, je la croyais guérie ; mais le chagrin, les fatigues du voyage, les privations durant la route ont ramené la maladie, plus grave, plus cruelle que jamais. Pardonnez-nous de vous quitter si brusquement.

Ce disant, il se leva, et, prenant sa femme par la main, il sortit suivi de ses enfants. La résignation de cet homme et son courage, au milieu de tant d'épreuves, me parurent sublimes.

Il faudrait, dis-je, aller chercher un médecin. Cette femme ne peut s'embarquer, malade comme elle l'est. N'avez-vous point aussi remarqué ses vêtements ? Comme ils sont légers et usés déjà : ils ne pourront certes pas la défendre contre le froid des nuits qu'elle devra sans doute passer sur le pont du navire.

Sur un ton moitié fâché, moitié railleur, Diemer me répondit :

S'il fallait ainsi vider sa bourse au profit de tous les malheureux que l'on rencontre , on ne tarderait guère à se mettre soi-même en état de demander l'aumône.

Cette insensibilité m'affligea, je vis qu'elle produisait sur ma femme et sur mes enfants une impression semblable.

Mon cher Diemer, repris-je en souriant, sommes-nous donc si pauvres et si peu confiants en Dieu, que nous n'osions pas nous donner ce religieux plaisir de venir en aide à des gens, qui sont nés aux mêmes lieux que nous, et se trouvent dans un embarras plus grand que le nôtre ?...

A votre guise, mon cher, ne nous fâchons pas pour si peu de chose, dit-il d'un ton bourru.

Quand il fut parti, nous nous consultâmes sur ce qu'il y aurait de mieux à faire ; mais nous étions fort embarrassés, car nous ne pouvions toucher au petit pécule qui devait servir à notre établissement en Afrique : cette somme appartenait en effet à Diemer tout autant et même plus qu'à nous.

Vendons, me dit ma femme, cette croix d'or que je porte au cou.

Je ne pus consentir à ce sacrifice. C'était le seul bijou qu'elle possédât, un bijou auquel se rattachait un souvenir bien cher ! mais je proposai aussitôt d'aller échanger ma montre contre une autre d'une moindre valeur. Ma fille et ma femme s'y opposèrent d'abord ; je persistai dans mon dessein et je sortis. Une heure après, j'étais de retour avec un médecin ; j'avais aussi fait acquisition d'une couverture pour la malade et de quelques vêtements destinés à ses enfants. Je ne saurais peindre la joie et la reconnaissance avec lesquelles ces bonnes gens m'accueillirent....

Demain à midi, nous quitterons Marseille ; à pareille heure, les pauvres gens que nous avons secourus s'embarqueront pour l'Amérique. Leur souvenir sera longtemps gravé dans notre cœur. Pour moi je m'estime heureux d'avoir pu marquer ainsi par une bonne action les dernières heures de notre séjour sur le sol de la patrie !

A Kouba, près d'Alger, 30 octobre 1841.

Traverser ce vaste bras de mer qui sépare Marseille de la côte d'Afrique, c'est là un voyage dont les inoffensives péripéties font sourire de dédain les vieux matelots accoutumés aux longues et périlleuses courses sur l'Océan. Cependant, ce court voyage m'a laissé une foule de souvenirs que mon cœur n'oubliera jamais.

Quelle émotion profonde et mélancolique s'empara de moi, lorsque, vers le soir, ayant déjà perdu de vue les côtes de la France, j'ai joui pour la première fois du spectacle sublime d'un soleil de feu descendant peu à peu au-dessous des vagues d'une mer paisible! Mais le vent ne tarda point à s'élever, vent violent et frais, qui fit bondir la mer autour de nous, comme un troupeau de chèvres folâtres. Au premier moment, les rapides et profondes oscillations du vaisseau me causèrent, je l'avoue, quelque émotion. et comme j'avais, depuis quelque temps, laissé ma femme et ma fille, je me hâtai de retourner vers elles, pour calmer leurs craintes. Les pauvrettes étaient couchées, atteintes l'une et l'autre de ce vilain mal qui fait tant souffrir et que l'on plaint si peu.

Diemer m'avait prévenu déjà: il les entourait de soins, et s'efforçait de les réconforter par des paroles d'espoir, mêlées de railleries amicales. Je lui sus gré d'avoir ainsi couru au-devant de mes désirs.

Le lendemain, la mer se calma, le temps redevint pur et splendide; nous oubliâmes nos souffrances de la veille. Ma femme resta seule assez gravement indisposée; quant à ma fille, étendue auprès de sa mère, elle paraissait encore plus affligée qu'elle ne l'était d'ordinaire. Diemer, assis à ses côtés, cherchait en vain à la distraire ; sa présence semblait augmenter son malaise. Il le comprit à la fin et s'éloigna.

Cher père, me dit ma fille, dans un moment où sa mère, tout entière à son mal, ne prêtait nulle attention à nos discours, ne pourrais-tu conseiller à Diemer de venir moins souvent auprès de moi ? Peut-être veut-il ainsi m'être agréable ; mais il se trompe tout à fait; sa présence m'importune. Je n'aime pas à rester seule avec lui.

Je rassurai ma fille et lui promis de faire ce qu'elle désirait. Toutefois ses paroles me donnèrent à réfléchir. Je craignis d'abord que la beauté de cette enfant et sa jeunesse n'eussent déjà produit une impression, malheureusement trop naturelle, sur le cœur de notre compagnon de route. Ces soupçons m'affligèrent plus qu'aucune autre inquiétude n'eût pu le faire; je comprenais en effet à quelle série d'embarras un tel amour nous exposerait par la suite.

Ceci se passait le soir du second jour de notre voyage; le lendemain matin, nous étions en vue d'Alger, sans qu'aucun incident nouveau se fût produit.

Jamais je n'oublierai l'émotion profonde, l'admiration sans mélange où me jeta le spectacle grandiose qui s'offrit alors à mes yeux.

Le vaisseau naviguait majestueusement sur les flots d'une mer calme, où le bleu du ciel se réflétait dans toute sa pureté. Vers quelque point de la vaste baie algérienne que mes yeux se portassent, je découvrais les horizons les mieux faits pour éblouir et charmer un homme accoutumé aux paysages de l'Europe.

Resserrée entre deux caps qui s'avancent comme deux bras immenses dans la mer, la baie d'Alger renferme dans son hémicycle une réunion de spectacles si variés qu'ils étonnent d'abord.

A gauche, la longue plaine de la Mitidja vient se terminer au cap Matifou : elle descend en pente douce vers la mer qui la baigne, puis se relève peu à peu par des collines qui s'étagent jusqu'aux montagnes boisées de l'Atlas; sur le dernier plan, le Jurjura dresse ses sommets neigeux.

Si de là le regard continue de suivre la plaine, en se dirigeant vers le centre du demi-cercle, on la voit d'abord s'arrondir, puis disparaître peu à peu aux yeux du spectateur, car elle s'enfonce alors au milieu d'un second rang de collines qui s'interposent entre elle et la mer.

Sur l'un des contreforts de cette chaîne nouvelle, au centre de la baie, Alger apparaît dans toute son éblouissante splendeur ; étageant ses maisons aux larges terrasses, depuis la Méditerranée jusqu'au sommet du roc : on dirait des blocs déjà taillés dans une immense carrière de marbre. La ville française, le port et ses vaisseaux s'étendent aux pieds de la blanche cité mauresque.

En regardant encore plus sur sa droite, on voit le paysage se terminer par les vertes et riantes collines où se trouvaient naguère les maisons de campagne des Maures opulents.

Ma femme et ma fille étaient en ce moment à côté de moi.

C'est donc là, leur dis-je, sur quelqu'une de ces gracieuses collines, qui s'élèvent en face de nous, c'est là que nous passerons les heures que la Providence nous réserve ! N'est-il pas vrai que d'ici l'Afrique paraît bien belle ?

Oui, dit ma femme à demi-voix; mais en prononçant ces mots, elle retenait à peine les larmes que je voyais rouler dans ses yeux. Ma fille, moins maîtresse d'elle-même, pleurait et ne regardait pas la terre.

Diemer survint alors : sa présence nous rappela aux soucis du moment et, peu d'instants après, nous le suivions à travers les rues obscures et étroites de la ville mauresque. L'aspect des Arabes, aux burnous longs et sales, leur physionomie sournoise et farouche, les cris partout retentissant, les maisons sans fenêtres, la malpropreté générale, tout nous inspira d'abord un sentiment de dégoût. Mais cette mauvaise impression se dissipa peu à peu : je ne tardai point à comprendre tout ce qu'il y a d'original et de digne d'intérêt dans cette ville nouvelle.

Diemer nous avait conduits dans une petite auberge, tenue par un Alsacien, un des hommes les plus honnêtes et les plus obligeants que j'aie jamais rencontrés. Là, nous nous trouvâmes tout à coup au milieu de cette foule d'émigrants, venus de toute la France pour prendre, comme nous, leur part dans cette œuvre, aussi pénible que belle, de rendre enfin l'Algérie à l'agriculture et à la civilisation.

Quelques-uns de ces nouveau-venus avaient, comme nous, apporté un petit pécule, destiné aux frais de leur premier établissement, et des lettres de recommandation auprès des hommes qui administraient alors la colonie. Mais le plus grand nombre était dénué de toutes ressources, ou peu s'en fallait.

31 octobre.

Nous résolûmes de commencer sans tarder les démarches qui devaient nous mettre en possession d'un terrain où nous pourrions nous mettre aussitôt à l'œuvre.

Mais une fâcheuse nouvelle nous fut annoncée dès le soir même de notre arrivée. Le général-gouverneur, sur l'appui duquel Diemer avait particulièrement compté, venait de partir pour une expédition dont on ne pouvait prévoir le terme.

Nous ne nous laissâmes cependant pas abattre, et, dès le surlendemain, Diemer me conduisit dans les bureaux où se devait traiter notre affaire. Ils étaient encombrés par la foule des émigrants. Un grand nombre d'entre eux attendaient une réponse depuis plusieurs semaines déjà, et, durant ce temps, ils dépensaient leur petit avoir qu'il leur eût été si bon de garder pour l'avenir. Je plaignis leur malheur ; et cette vue m'effraya un peu pour moi-même, d'autant plus que je remarquai que les employés, sans cesse assiégés par une foule affamée, perdaient la tête, ne savaient que répondre, et, pressés de se débarrasser de cette multitude d'importuns, se renvoyaient les solliciteurs, les uns aux autres.

Au moment où nous commencions à désespérer, ayant fait nous-mêmes un grand nombre d'inutiles démarches, la Providence eut pitié de nous. Un soir, comme nous rentrions à l'auberge, Diemer et moi, silencieux, affligés, mon compagnon fut tout à coup arrêté par un officier supérieur. Ils se regardèrent un moment, puis se reconnurent. L'officier avait autrefois été l'ami de Diemer ; le grade élevé qu'il avait obtenu par son courage et son mérite ne le rendit pas plus fier. Embrassant son ancien camarade, il lui témoigna toute sa joie de le revoir, s'informa avec le plus vif empressement du motif qui l'amenait à Alger. Lorsque Diemer lui eut fait part de notre embarras, il promit spontanément d'employer tout son crédit à nous en faire au plus tôt sortir.

Notre protecteur nous tint noblement parole. Dès le lendemain matin, il vint nous chercher et nous présenta à l'un des hommes qui ont le plus d'influence en ces sortes d'affaires. Celui-ci nous accueillit avec une grâce parfaite.

Un colon du village de Kouba, nous dit-il, vient de commettre une action qui le rend désormais inapte à conserver le terrain qui lui avait été concédé. Voulez-vous aller prendre sa place ? Kouba est voisin d'Alger ; vous trouverez là une maisonnette, située à quelques centaines de pas du village ; un champ très-vaste entoure cette maison ; il est, je crois, inculte encore, grâce à la paresse de celui qui devait le défricher ; mais la terre en est bonne, l'exposition aussi favorable que possible ; on vous fournira de plus des instruments aratoires et même quelques secours en argent.

Diemer me consulta du regard ; cette proposition semblait lui sourire ; je jugeai qu'il était prudent de ne point débuter par un refus ; je fis donc à Diemer un signe affirmatif : il accepta sur-le-champ les offres qui nous étaient faites.

L'acte de concession fut dressé dès le jour même, au nom de Diemer et au mien ; les instruments dont se servait notre prédécesseur nous furent laissés et l'on nous remit une somme de trois cents francs.

Quand j'annonçai ces heureuses nouvelles à ma femme et à ma fille, elles voulurent aller aussitôt remercier l'homme généreux qui était venu à notre aide, et me demandèrent instamment à prendre dès le lendemain matin le chemin de notre nouveau domicile. Diemer et moi, nous éprouvions le même désir ; le lendemain donc nous nous mîmes en route.

Nous n'arrivâmes que vers le soir, malgré le peu de distance qui sépare le village d'Alger lui-même : les routes avaient été rendues très-difficiles par des pluies tombées depuis la veille.

Le jour suivant, lorsque nous nous réveillâmes, nous étions tous agités du même désir, celui de faire au plus tôt connaissance avec ces lieux où se devait désormais passer notre vie. La maison, le petit jardin qui s'étend devant elle, le champ qui n'en est séparé que par un court espace, tout fut visité, tout fut examiné avec la plus grande attention.

La maison n'est ni grande, ni belle. Elle se compose seulement d'un rez-de-chaussée divisé en trois pièces d'inégale grandeur. Les murs sont minces et déjà l'on aperçoit plus d'une crevasse, d'un fâcheux présage pour l'avenir. Je proposai à Diemer de nous laisser la pièce du milieu, pour ma femme et pour moi ; lui s'installerait dans la chambre à gauche ; nos enfants coucheraient dans celle de droite. Cet arrangement lui convint.

Le jardin est vaste, mais si mal soigné que l'on y retrouve à peine les traces d'un premier défrichement. Quelques arbres y étendent cependant leurs branches desséchées par les chaleurs de l'été. Entre ces arbres, nous vîmes avec plaisir se dresser un magnifique olivier, à l'ombre duquel nous viendrons souvent nous asseoir. Nous remarquâmes encore, avec une curiosité mêlée de tristesse, ces cactus aux larges feuilles, ces grands aloès tout hérissés d'épines, plantes africaines dont l'aspect étrange nous rappela plus vivement notre exil.

L'ancien possesseur était, nous a-t-on dit, un ouvrier, accoutumé à la vie des grandes villes. Jeté dans l'agriculture par sa seule misère, il s'était laissé épouvanter par la perspective des rudes et longs travaux qu'il faudrait entreprendre, pour rendre cette terre fertile. Alors, déçu dans ses projets, dévoré d'ennuis, il avait cherché une facile et honteuse consolation dans l'usage des liqueurs fortes. Le malheureux ! l'ivresse l'avait conduit au crime ! Un jour, il y a de cela quelques semaines, échauffé par l'absinthe, il se prit de querelle avec un soldat, et le tua sur place.

Aussi dans quel triste état avons-nous trouvé son champ, devenu aujourd'hui le nôtre. La trace de son travail n'est visible que dans un seul petit coin de terre ; partout ailleurs, le lentisque et le palmiernain étendent leurs racines et leurs tiges, si difficiles à arracher.

L'ouvrage ne nous manquera pas, m'a dit Diemer.

Ni le courage, lui ai-je répondu en souriant.

Pour nous récréer un peu, nous avons alors promené nos regards sur le magnifique panorama qui s'étendait devant nous.

Le village de Kouba, dont notre maison fait encore partie, bien qu'elle en soit éloignée de quelques centaines de pas, est situé sur le haut de cette longue chaîne de collines qui, placées en face de l'Atlas et séparées de lui par la plaine, étendent leur courbe gracieuse entre la Mitidja et la mer.

Lorsque la culture aura embelli ces collines, nulle part on ne pourra trouver un pays plus attrayant. L'air y est sain, la vue dont on jouit fort étendue; soit que se plaçant sur le versant de la plaine où notre maison est construite, on ait ainsi devant soi l'Atlas avec ses sombres forêts d'orangers et ses ravins pit-toresques; soit que, passant de l'autre côté, on laisse errer son regard sur la haute mer et sur la ville placée à gauche, au centre de l'hémicycle : site admirable, à la fois grandiose et varié! l'Europe en offrirait bien peu de pareils.

2 novembre 1841.

Nous ne pourrons ensemencer cette année qu'une partie de champ très-restreinte : nous comptons pour vivre sur l'argent que nous produira une industrie à laquelle nous n'avions pas songé d'abord, la vente du charbon qu'il est aisé de faire avec les arbustes arrachés dans le défrichement.

Mais quoi! est-il bien vrai que ce soit aujourd'hui la fête des morts?... Telle est la pensée qui est venue à l'esprit de ma femme et au mien, lorsque nous nous sommes réveillés aux rayons d'un soleil splendide qui perçait à travers nos volets mal joints. Combien cette journée des morts est différente de celle que nous avions l'habitude de voir en Alsace! Quel étrange contraste entre ce beau soleil, ce ciel sans nuage, cet air tiède, et le ciel nuageux, sombre, humide, qui, ce jour-là, enveloppait nos contrées de son manteau de deuil!

Telle était aussi la remarque que me faisait tantôt ma fille, et elle ajoutait:

«Oui, mon père, il est vrai, les jours les plus tristes en France se changent ici en des journées joyeuses. Et pourtant ce beau soleil, cette chaude atmosphère, cet air de fête répandu dans toute la nature, je l'avouerai, tout cela ne réjouit pas mon cœur..... Où sont nos arbres couverts de givre, nos montagnes blanchies par la neige, notre cimetière et ses vieux sapins tout noirs, notre petite et chère église, et le son de nos cloches, et nos longues et douces soirées d'hiver, toutes choses qui s'harmonisaient si bien avec les saintes tristesses de ce jour?....»

En disant ces mots, elle pleurait. La pauvre enfant n'osait exprimer un dernier regret gravé à jamais dans son cœur : où est celui que j'aime?.... Et lui, à cette même heure, lui si bon, si constant dans ses affections, il pense à elle sans doute. Mon Dieu ! ne viendra-t-il pas un jour où vous bénirez cette pure affection, cause aujourd'hui de tant de larmes?... Souffrez, mon Dieu, que je l'espère ; car vous êtes bon, car les événements de ce monde et les cœurs des hommes sont en votre main : vous les changez quand et comme vous voulez...

20 novembre 1841.

Nous étions montés hier soir de notre maison au village. Là se trouvent un certain nombre de familles originaires de l'Alsace, ainsi que nous.

Un de ces hommes, pauvre diable condamné à défricher une portion de terrain fort ingrate, voulut cependant nous faire fête, à titre de compatriotes. Il nous proposa de venir avec lui passer quelques instants au principal café de l'endroit.—C'est une triste remarque à faire : nul village ne s'élève en Algérie sans que l'on y voie aussitôt apparaître plusieurs débits où se vendent des liqueurs fortes qui ne trouvent que trop de consommateurs.

Diemer accepta avec empressement l'offre qui nous était faite : pour moi j'aurais voulu la décliner. J'ai une invincible répugnance pour ces sortes de maisons qui m'ont toujours paru l'école du vice ou son refuge. Pour comble de malheur, il me fallait emmener avec moi ma femme et ma fille, qui nous avaient accompagnés.

Nous étions entrés dans le café depuis quelques moments ; Sophie et sa mère, assises à l'écart, s'entretenaient avec la femme de notre nouvelle connaissance, tandis que je m'efforçais de modérer l'ardeur de mes deux compagnons qui buvaient sans cesse et se disputaient vivement sur je ne sais quel point d'agriculture. Survint alors une nombreuse caravane d'émigrants qui se rendaient au village de Bouffarick, situé au milieu de la plaine.

Nous leur fîmes place auprès de nous, et chacun d'eux nous eut bientôt dit d'où il était originaire et les motifs qui l'avaient forcé de s'expatrier. Par un étrange hasard, il se trouva parmi ces gens une famille qui avait longtemps habité dans un village voisin du nôtre.

Plusieurs de nos connaissances nous étaient même communes. Aussitôt je les engageai à venir passer la nuit dans notre maison ; ma femme les en pria également et nous partîmes tous ensemble, laissant Diemer au milieu du tumulte de l'auberge, où il paraissait singulièrement se plaire.

Nous offrîmes à nos hôtes un frugal souper, et puis vint le tour des questions. En se rendant en Afrique, ils avaient passé par le village d'où nous étions partis et y avaient même séjourné durant quelques jours.

Lorsque je leur eus dit le nom de mon beau-frère :

— J'ai entendu parler de lui, me dit le chef de la famille. Celui-là n'a pas besoin de venir ici chercher fortune ! Mais, bast ! chacun a ses peines !

— Quelles peines a-t-il donc ? demandai-je.

—Eh, mon Dieu ! vous devez les connaître aussi bien que moi.... Mais non; vous étiez parti déjà, n'est-ce pas ? quand le père et le fils se sont brouillés.

—Que s'est-il donc passé ? repris-je tout ému, et mon œil se fixait avec inquiétude sur Sophie qui avait pâli en entendant ces paroles. J'eusse dû la faire sortir ; la crainte de redoubler son inquiétude m'arrêta. Cependant le narrateur ne s'était aperçu de rien.

—La brouille, dit-il, est en effet survenue depuis votre départ ; je ne me rappelle plus à quel propos ; ce qui est certain, c'est que leur mésintelligence éclata d'une façon si vive que les voisins en étaient encore émus lorsque nous passâmes. Le père a même contraint son fils de partir pour un village situé près de Schlestadt. Là, dit-on, il va se former sous les ordres d'un ami de ses parents : on croyait même qu'il devait épouser la fille. Si j'avais pu m'attendre au plaisir de vous rencontrer ici, j'eusse fait plus d'attention à toute cette histoire, Mais vous savez ce que c'est qu'un départ; mille soucis, mille regrets, mille craintes vous mettent l'esprit à la torture et l'on ne s'intéresse guère aux affaires des autres.

Comme notre hôte achevait ces mots, je vis que ma fille pâlissait et semblait sur le point de se trouver mal ; rejetant son indisposition sur la chaleur étouffante que nous apportait alors un coup de vent du désert, je me hâtai de l'emmener avec moi dans une autre pièce.

1er janvier 1842, dans la journée.

Les pluies sont bien tardives cette année. Chaque matin un soleil splendide se lève au-dessus de notre

champ altéré, et chaque soir nous ...voquons en vain
l'arrivée de ces nuages bienfaisants, si communs
dans notre brumeuse Alsace. En attendant, nous tra-
vaillons avec ardeur à défricher cette terre qu'une
longue sécheresse à rendue aussi dure que le roc.
Les arbustes arrachés à grand'peine, les troncs de
palmiers nains, ce parasite aux racines profondes,
cette hydre aux cent têtes, toujours renaissantes, pour
le désespoir du colon d'Algérie, brûlés par nous et
convertis en charbon, forment le seul et mince revenu que nous puissions en ce moment tirer de cette
terre rebelle.

Je l'avouerai, la première fois qu'il me fallut, vêtu
d'une blouse bleue, conduire à la ville un âne chargé
de deux sacs de charbon, je me sentis un peu humi-
lié et je souris amèrement. Mais depuis lors j'ai
recouvré mon calme : en voyant dans les livres saints,
que j'aime à lire, les humbles fonctions auxquelles
s'employaient les patriarches, ces hommes si grands
par leur sagesse et par les promesses sublimes dont
ils étaient les dépositaires, j'ai compris la noblesse
de cette vie de cultivateur qui m'avait d'abord inspiré
un secret dégoût. Je suis fier de continuer avec la
pioche l'œuvre glorieuse que nos soldats ont com-
mencée avec l'épée.

...Mais, tandis que j'écris ces lignes, j'entends le
vent qui s'élève, de gros nuages s'amoncellent en
face de ma fenêtre; de ces nuages d'Afrique aux cou-
leurs si tranchées, si vives, que l'œil en est d'abord
ébloui et effrayé. Puissent ces précurseurs de la pluie
n'être pas trompeurs !...

C'est aujourd'hui jour de fête ; ma femme et
mes enfants m'appellent: demain je reprendrai la
plume.

3 janvier 1842.

Cette fois encore, nos espérances ont été déçues;

le ciel, hier si obscur, est redevenu aussi pur qu'il l'était, il y a deux jours.

Un nouveau chagrin vient s'ajouter à celui-ci. Hier soir, vers le coucher du soleil, je me promenais tout seul dans notre champ, rêvant à tous les premiers jours de l'année que j'ai vus déjà, depuis ceux où mon père nous embrassait tendrement, ma mère et moi, et nous offrait ses petits présents, toujours bien simples, toujours reçus avec reconnaissance et bonheur, jusqu'à ce jour, qui me venait pour la première fois annoncer que je devrais passer la nouvelle année sur une terre lointaine. En ce moment j'aperçus Diemer qui s'avançait vers moi.

Son visage était sérieux ; une vague inquiétude se lisait sur ses traits.

«Joseph, me dit-il, le premier jour de l'an est partout une heureuse occasion de renouer ou de resserrer les liens qui nous unissent à nos amis. Je veux vous entretenir d'un projet qui rendrait notre société plus étroite, plus intime que jamais.»

Diemer n'a point le défaut d'être trop timide ; tout au contraire. Cette fois, il s'arrêta tout embarrassé, et parut désirer que je devinasse sa pensée, lui épargnant ainsi la peine de me la découvrir lui-même. Je ne crus pas à propos d'aller ainsi au-devant de ses confidences. Il fut contrarié de mon silence : enfin, il fit un visible effort sur lui-même et, prenant un ton où l'aigreur était sensible :

—Votre fille Sophie, me dit-il, est une femme maintenant, et une femme telle qu'un honnête homme serait heureux d'en rencontrer une pour lui donner son nom. Avec un autre je prendrais de plus longs détours ; avec vous, mon associé et mon ami, je serai plus franc, plus brusque, si vous voulez.... Vous avez dû vous apercevoir qu'elle me plaît ; répondez-moi sans détours : verriez vous d'un mauvais œil qu'elle devînt ma femme ?

En toute autre occasion j'eusse accueilli cette demande avec joie. Mon associé est un homme de bien, un courageux travailleur, un esprit déjà mûri par les années, les voyages et la douleur. Mais je compris tout ce qu'un consentement aussi prompt causerait de peine à Sophie, et je me contentai de dire à Diemer :

— Votre projet ne me déplait pas, je vous assure. ...J'aimerais à vous voir le mari de Sophie, parce que je vous connais tous les deux et je crois que vous réunissez les qualités qui font les bons ménages. Mais, vous le savez, ma fille aimait son cousin, elle s'était accoutumée à l'espoir de l'épouser un jour. Cet espoir était chimérique, je le reconnais à présent mieux que jamais: mon beau-frère n'eût point accepté Sophie pour sa bru. Mais que voulez-vous? le cœur des enfants n'est malheureusement pas aussi lent à se décider qu'il le devrait être. Nous avons été jeunes l'un et l'autre, nous savons avec quelle promptitude on accueille parfois un rêve d'amour.

—Mais, reprit-il brusquement, cette question est résolue depuis longtemps, tout espoir est perdu désormais. Votre fille le sent, je n'en veux pas d'autre preuve que cette tristesse qui la consume.

— Eh bien ! mon cher, puisque, comme nous, vous vous êtes aperçu de sa douleur, ne reconnaissez-vous pas qu'il serait bon de la laisser, durant quelques mois encore, se familiariser avec l'idée de renoncer à jamais à celui dont elle a conservé un si vif souvenir?

— Telle n'est pas mon opinion : il est grand temps de lui faire entendre raison sur ce point: c'est vous et sa mère que ce soin regarde. Différer est une coupable faiblesse qui ne fait qu'éterniser une passion malheureuse....

Diemer s'arrêta, en voyant l'expression de mécontentement qu'avait prise mon visage : son insistance, en effet, me paraissait indélicate. Toutefois, comme c'était un homme porté à la colère, je ne voulus pas l'aigrir davantage.

— Allons, lui dis-je, serez-vous donc impatient comme un jeune homme et ne saurez-vous pas attendre un peu, jusqu'à ce que le temps ait arrangé toutes choses, comme il sait les arranger, c'est-à-dire pour le mieux. Ayez confiance en moi: je ferai tout pour vous être agréable.

Il parut satisfait de ces quelques paroles. Pour moi, j'étais durant toute la soirée en proie à une préoccupation que je ne dissimulais qu'à grand'peine.

4 février 1842.

Lorsque ma main s'arrêta sur ce journal pour la dernière fois, je venais d'y consigner le récit de l'entretien durant lequel Diemer m'avait prié de lui accorder la main de Sophie.

Je communiquai cette demande à ma femme: celle-ci parut aussi embarrassée que moi et pour les mêmes motifs. Quelques jours se passèrent sans incidents nouveaux. La tristesse de Sophie est si calme, elle sait si bien la dissimuler sous un air de douce résignation, que nous nous laissâmes aller à croire que le moment n'était pas éloigné où le temps et l'absence auraient complétement effacé sa douleur.

Aussi, pressé de nouveau par Diemer, toujours plus impatient de voir ses projets s'accomplir, je viens de prendre la pauvre enfant en particulier. Sa mère assistait seule à notre entretien.

«Sophie, lui dis-je alors, je dois te faire aujourd'hui une confidence qui te surprendra peut-être et t'affligera. Mais, je t'en prie, ma chère enfant, n'attache pas à nos paroles plus de poids qu'elles n'en ont. Tu connais notre affection pour toi, sache donc bien que notre volonté ne t'imposera jamais une obligation qui te puisse être pénible.»

Alors, avec une franchise et une simplicité parfaites, je lui répétai mot pour mot l'entretien que j'avais eu peu auparavant avec Diemer.

Lorsque j'eus fini, Sophie me répondit avec la plus grande douceur, mais non sans verser quelques larmes :

«Mon père, je suis prête à faire ce que vous désirez.... Oui, j'aimais Frédéric, et même aujourd'hui, lorsque tout espoir de le voir jamais est perdu, je vous l'avouerai franchement, je ne puis m'empêcher de penser à lui bien souvent. Quant à Diemer, je vous l'ai déjà dit, mon père, il ne me plaît pas, sans que je puisse dire au juste pour quelle raison. Je ne vous demande qu'une grâce, c'est de ne point m'obliger à contracter tout de suite ce mariage.

— Mon enfant, dis-je aussitôt, ne crois pas que nous ayons eu jamais le désir de t'imposer notre volonté, dans une circonstance où tu dois te décider toi-même et librement : de cet acte, en effet, dépendra le sort de ton existence tout entière. Non, non, ma chère Sophie, nous ne voulons pas te contraindre à épouser Diemer. Tout ce que nous te demandons, c'est de ne point refuser avant d'avoir réfléchi.... Songe que nous sommes pauvres, sujets comme tous les hommes à la mort, et que nous habitons dans un pays lointain, où tu auras besoin d'appui peut-être, où tu trouveras peu de maris dignes de ton choix. Que la répugnance pour une union qui n'est plus celle qu'avait espérée ton cœur ne te fasse pas méconnaître les qualités de Diemer ; chez lui le bien l'emporte sur le mal ; ses défauts sont compensés par de solides mérites. Réfléchis donc, je te laisse tout le temps de le faire ; quand enfin tu auras consulté Dieu lui-même, quand tu te seras sérieusement interrogée, tu me feras connaître ta réponse.

Quelle qu'elle soit, elle ne diminuera pas l'amour que nous te portons.»

15 février 1842.

Quinze jours se sont écoulés depuis que j'informai ma fille de la demande que Diemer m'avait adressée. J'avais pris les plus grandes précautions, pour que celui-ci ne pût pas soupçonner que Sophie avait été instruite de ses projets. Je voulais ainsi mettre ma fille à l'abri des instances secrètes qu'il eût peut-être été tenté de lui adresser. car je voulais que son consentement, si elle croyait devoir le donner, vînt d'elle-même et d'elle seule.

Chose étonnante ! Diemer n'a pas durant vingt-quatre heures ignoré notre secre entretien, ni les paroles que Sophie a prononcées, ni les miennes, rien n'a pu demeurer caché pour lui. J'étais tout stupéfait, en l'entendant me raconter des détails que je croyais connus de moi seul. Mon étonnement redoubla, lorsqu'il ajouta ces paroles :

«Mon cher, vous avez dignement rempli votre promesse et le mariage peut être considéré comme fait déjà : votre fille est trop sage et trop soumise à vos ordres, pour ne point oublier une amourette d'un jour et refuser une union qui nous donnera le bonheur à tous.»

Me suis-je trompé ? Dieu le veuille !.... au moment où il prononçait ces paroles, il me parut surexcité par quelqu'une de ces liqueurs fortes, dont il ne se défie pas assez.

Quelle que soit la cause de cette confiance, elle m'a paru des plus étranges; j'ai craint qu'il n'exerçât sur Sophie une influence secrète ; je les ai observés tous deux ; mon regard attentif n'a jusqu'à présent rien découvert qui justifie mes soupçons.

28 février 1842.

Hier soir, Diemer nous quitta de bonne heure pour aller passer la soirée chez un colon nouvellement arrivé dans le village. Ma femme me prit alors par la main et, m'emmenant avec Sophie dans la salle où nos enfants ont leur retraite :

«Joseph, m'a-t-elle dit, le mois de réflexion que tu avais accordé à Sophie n'est pas encore écoulé ; mais notre fille n'a pas voulu nous laisser aussi longtemps dans le doute. Pensant que de plus longues réflexions étaient inutiles, elle est venue me trouver, cette après-midi, au moment où Diemer et toi vous étiez au travail. Là, seule avec moi, elle m'a fait connaître sa réponse. Sophie accepte le mari que nous lui proposons. Ce mariage même a cessé de lui déplaire : il lui permettra, en effet, de rester toujours auprès de nous, et si Dieu lui retirait notre appui, Diemer sera là, pour nous remplacer auprès d'elle et de son jeune frère.

Je ne saurais dire quel fut mon étonnement, lorsque j'entendis ma femme prononcer ces paroles.

Je regardai Sophie avec une grande attention : il me semblait que l'expression de ses traits allait démentir la nouvelle que venait de m'annoncer sa mère. Je ne lus sur sa douce figure qu'une grande tristesse, un calme parfait et l'entière approbation des paroles de ma femme.

«Ainsi, dis-je alors à ma fille, tu acceptes le mari que nous t'avons proposé !... Songes-y bien, ma chère enfant, tu décides en ce moment de tout ton avenir ! Je t'en prie de nouveau, avec toute l'affection d'un père aux yeux duquel tu es plus précieuse que tout au monde, ne consulte point ici nos intérêts, ne crains pas de nous déplaire : décide-toi comme si tu étais seule intéressée dans cette question si grave. Je te le permets et même je te l'ordonne.»

Sophie paraissait en proie à une émotion violente ; elle voulait parler et ne le pouvait pas ; mes regards semblaient même lui être pénibles à soutenir. Mais elle se remit peu à peu et, d'un ton soumis et ferme, elle me repondit :

«Tant d'indulgence et de délicatesse me touchent plus que je ne saurais dire, pardonne à mon émotion : seule elle m'empêche de te remercier comme je le voudrais faire : mais sois sans crainte pour l'avenir : ma résolution est prise : Je ratifie tout ce que ma mère vient de dire en mon nom.»

Cette scène m'avait jeté dans une émotion et une perplexité extrêmes. L'arrivée de Diemer y mit fin : la vue de cet homme me fit mal.... Au fond de tout cela, je soupçonne un triste mystère : Sophie me tromperait-elle, elle que j'ai toujours connue si franche ? et pourquoi ?...

15 mars 1842.

La résolution prise par ma fille me paraît toujours si étonnante que j'avais cru bon de ne la point communiquer à Diemer. Mais, pressé de questions par cet homme, il m'a fallu lui annoncer que ses désirs sont satisfaits. J'ai seulement mis cette condition formelle au mariage, qu'il ne se fera pas avant six mois. Cette décision a d'abord paru irriter Diemer : c'est pour moi un nouveau motif d'y tenir.

Notre récolte prospère ; déjà nos blés sont montés en magnifiques épis. Combien est puissant le soleil de cette belle contrée! combien riche, cette terre nouvelle! En quelques semaines, elle produit les moissons qui doivent rester durant tant de mois sur nos champs de la France, exposées aux mille hasards des gelées, des pluies trop abondantes ou de la sécheresse. Malheureusement le terrain défriché par notre prédécesseur, le seul où nous ayons pu jeter la semence est très-restreint. Si favorable que soit la récolte, elle ne nous rapportera qu'une faible somme. Maintenant nous vivons sur le produit de notre charbon, produit insuffisant auquel il nous faut ajouter, ce que nous ne faisons qu'en prélevant trop fréquemment sur notre petit trésor. Les mêmes ressources jointes à l'argent de notre récolte, nous devront, faire vivre jusqu'à l'année prochaine. Aussi l'avenir nous préoccupe-t-il étrangement, ma femme surtout s'abandonne à de tristes pensées qui abattent ses forces. La crainte du malheur est une affligeante disposition de son âme à laquelle les consolations religieuses elles-mêmes n'offrent qu'un remède insuffisant.

Sophie seule demeure toujours la même : calme, résignée, elle souffre, j'en suis sûr, mais une plainte ne sort jamais de sa bouche.

On dirait qu'elle nous cache un secret qui la tue, et pourtant, sa mère et moi nous l'interrogeons en vain ; en vain nous la supplions de nous parler à cœur ouvert.

Croyez-le, nous répond-elle invariablement, j'épouserai Diemer sans regret, mais je ne puis affecter une gaîté qui n'est pas dans mon cœur.

22 mars 1842.

J'avais laissé, en partant de notre village, quelques petites sommes qui m'étaient dues par trois ou quatre familles, les unes pour de faibles avances faites dans des jours difficiles; les autres, pour les mois d'école des enfants. Le tout réuni ne formait pas un gros total: néanmoins je prévis que cet argent nous pourrait être utile et j'écrivis, il y a quelques semaines, à l'un de mes anciens amis, le seul qui me fût resté dévoué, le priant de faire rentrer ces quelques dettes et de m'envoyer ici l'argent.

Il ne se pressa pas de me répondre: rendu défiant par mes malheurs, je l'accusais de négligence, de mauvais vouloir et d'oubli. Plus pieuses, plus indulgentes, ma femme et ma fille s'efforçaient en vain de le justifier à mes yeux.

Une longue et affectueuse lettre de lui, reçue hier, est venue me prouver combien leurs suppositions charitables étaient mieux fondées que mes soupçons méchants. L'hiver qui vient de s'écouler a été long et rude en Alsace ; de là, une grande gêne dans les familles ; de là aussi la difficulté pour mon correspondant de toucher le peu qu'il me devait envoyer. Aussitôt que mes débiteurs ont pu le lui remettre, il s'est hâté de me le faire parvenir. Un endroit de sa lettre nous a tous réjouis, d'autant plus que nous étions loin de nous y attendre : «Vous ne sauriez croire, me dit-il, combien les esprits sont aujourd'hui changés à votre égard. Lorsque vous nous quittâtes, nul n'y fit attention d'abord. A peine parlait-on de vous à de rares intervalles : encore n'en parlait-on point pour vous plaindre. Tout au contraire, il ne se trouvait que trop de gens pour répéter les anecdotes méchantes, les suppositions perfides que vos ennemis avaient déjà tant de fois redites. Mais peu à peu, tous ces bruits malveillants se sont apaisés d'eux-mêmes. Votre coupable frère est, il est vrai, plus méprisable et plus méprisé que jamais ; mais, par un changement de dispositions, qui n'a rien d'étonnant, ses vices eux-mêmes, dont on vous rendait autrefois responsable, ont ouvert les yeux des plus aveugles, et l'on s'est mis à comparer ce misérable avec ceux dont il a causé le malheur. Cette comparaison, toute à votre avantage, a excité des remords dans l'âme de plusieurs des hommes qui vous avaient le plus méchamment méconnu.

«Votre beau-frère seul ne prononce jamais votre nom. A-t-il gardé contre vous une inexplicable rancune ? Votre souvenir est-il pour lui un cruel reproche ? C'est ce que je ne puis savoir. Sa vie est d'ailleurs des plus tristes. Il est seul ici avec sa femme : leur fils a eu avec eux des démêlés à la suite desquels son père l'a fait partir pour Schlestadt. Il y est employé chez un riche meunier dont il doit épouser la fille.»

Enfin mon correspondant ajoutait ces paroles que j'ai lues seul et qui m'ont donné beaucoup à réfléchir :

«Comment vous trouvez-vous de la société de Diemer ? Je vous avouerai que j'eusse mieux aimé vous voir partir avec un autre. On lui accorde ici des qualités réelles, mais, depuis qu'il a quitté le village, où sa présence retenait la langue des médisants, j'ai appris sur son compte certains détails qui me portent à vous dire aujourd'hui, comme à un ami bien cher : tenez-vous sur vos gardes !»

Les soupçons que cette lettre a jetés dans mon esprit ont redoublé la surveillance que j'exerce sur ma fille et sur l'homme dont je crains qu'elle ne subisse la pernicieuse influence. Leur union ne s'accomplira pas, avant que mon ancien ami ne se soit expliqué plus clairement, avant que Sophie ne m'ait révélé le secret qu'elle m'a caché jusqu'ici....

8 avril 1812 et 9 du même mois.

Ce grand instrument de Dieu que les hommes sans foi appellent le hasard, mais que j'aime à nommer la Providence, a mis enfin un terme aux inquiétudes que me causaient la tristesse de ma fille et son silence. Une nouvelle série d'épreuves s'ouvre, il est vrai, devant nous. Dieu soit béni cependant! ma fille ne sera point unie à cet homme! Le sacrifice héroïque auquel elle s'était résolue ne sera point accompli; j'ai pu ramener dans mes bras la courageuse victime, avant qu'elle se fût, par amour pour nous, jetée entre ceux de ce misérable!

Avant-hier matin, de très-bonne heure, j'étais parti pour aller vendre quelques légumes récoltés dans notre jardin. Ma femme m'accompagnait. Diemer travaillait au champ, et Sophie était restée dans la maison avec son frère.

Nous revînmes plus tôt que nous ne l'avions espéré. Quand, au détour de la route, j'aperçus de loin notre maisonnette, je fus tout étonné de voir Diemer qui s'en éloignait d'un pas précipité, se dirigeant vers la campagne.

Une vague inquiétude s'empara de moi: accélérant le pas, je laissai ma femme en arrière, désireux d'arriver plus vite.

La porte était fermée, j'appelai, et mon fils m'ouvrit aussitôt. Quel spectacle inattendu s'offrit alors à mes yeux! Ma fille était assise auprès de la cheminée : la douleur, l'effroi, l'égarement avaient remplacé sur son visage inondé de larmes, la douce et mélancolique expression de tristesse qui lui est habituelle.

A cette vue, je sentis mon sang se glacer dans mes veines.

«Sophie! mon enfant, qu'est-il donc arrivé? lui dis-je. Pourquoi ces pleurs? pourquoi cet air de crainte?»

L'émotion de Sophie était telle qu'elle ne put me répondre, mais son frère prit la parole à sa place.

«Mon père, je te dirai tout, s'écria-t-il. Sophie me l'a défendu, mais il faut que tu saches ce qu'elle veut te cacher.»

Alors arriva ma femme. Sophie cependant s'efforçait d'imposer silence à son frère.

Sophie, lui dis-je, ne nous tiens pas plus long-temps dans l'inquiétude : Parle ou laisse parler cet enfant....

Elle se tut, je me tournai vers mon fils et lui dis :

«Commence, mon enfant, et sois aussi sincère avec nous que si tu parlais à Dieu lui-même.»

Il y a une heure, dit-il, ma sœur alla dans le jar-din; quelques minutes après, j'entendis la voix de Diemer. Il semblait violemment irrité. Je sortis aus-sitôt, et je trouvai Diemer et ma sœur, près de l'en-droit où la haie d'aloës sépare notre carré de lé-gumes d'avec les champs voisins.

Diemer, debout, le poing levé, en signe de me-nace, adressait à Sophie des injures dont je ne com-pris pas le sujet d'abord. Sophie pleurait et l'écou-tait sans répondre. Ses yeux étaient fixés sur une vieille femme, étendue par terre devant elle et qui semblait beaucoup souffrir.

Quand Diemer m'aperçut, il me regarda avec co-lère et, s'adressant à Sophie :

Voilà bien la perfide adresse des femmes! Il faut que, par leurs cris, par leurs pleurs, elles se donnent toujours l'air d'être opprimées.

Allons, allons, sotte que vous êtes, laissez-là cette misérable. Eh! quoi, a-t-elle donc reçu autre chose que ce qu'elle méritait? Venir voler nos légumes n'est-ce pas une action digne d'une correction exemplaire ? Nous devions sans doute abandonner notre jardin à l'avidité de cette canaille. Encore une fois, séchez vos larmes ridicules, et que tout soit oublié.

Mais Sophie ne l'écoutait pas ; elle était tout entière occupée à consoler la vieille femme à laquelle Diemer avait assené dans les reins un si grand nombre de coups de bâton, qu'elle ne pouvait plus se relever.

Diemer parut indigné des soins charitables que Sophie prodiguait à sa victime. Il s'en alla en murmurant contre ma sœur.

Ne te fâches pas contre moi, mon cher père, mais en voyant quels regards de mépris il jetait sur ma sœur, je me mis, moi aussi, en colère, et je courus derrière lui, en lui criant :

Je ne veux pas que vous insultiez Sophie ; je dirai tout cela à mon père, quand il sera rentré, et je vous assure bien que vous ne serez jamais le mari de Sophie. Je vous tuerais plutôt, car vous êtes un méchant homme, et vous la rendriez malheureuse.

Il se retourna contre moi ; jamais je n'aurais imaginé qu'il se pût mettre dans une telle fureur. Sophie, qui n'avait d'abord pas fait attention à ce que je lui disais, tenta de s'interposer entre nous deux, mais il eut la lâcheté de la repousser durement, et il me frappa d'un coup violent sur la tête.

Je reculai tout épouvanté et je voulus emmener ma sœur vers la maison. Elle n'y consentit pas, tant elle redoutait que la fureur de Diemer ne se tournât de nouveau contre la pauvre vieille.

Celui-ci, s'adressant à nous, nous dit :

Allez, allez, vous êtes bien de la même famille, aussi bêtes les uns que les autres ! Père, mère et enfants se valent tous ! Vieux et jeunes sots, sans cesse occupés à vous lamenter ou bien à marmotter des prières. Bien fou étais-je moi-même de vouloir m'allier à de si sottes gens ! J'eusse eu, ma foi ! une vie bien agréable dans une telle maison. Tu peux dire à ton père tout ce que tu voudras, marmot, et si tu ne lui dis pas tout, c'est moi qui le lui dirai. Mais cette fois pas plus que les autres, le vieux proverbe, ne sera menteur : «Rira bien qui rira le dernier.»

Enfin ce méchant homme nous laissa ; et nous, après avoir donné un peu de pain à la malheureuse femme, nous sommes rentrés dans la maison, où Sophie m'a raconté ce que je n'avais pu voir.

Un peu de temps après, Diemer rentra dans sa chambre, nous nous enfuîmes dans la nôtre, tremblant qu'il ne vînt nous y trouver, mais il sortit presque aussitôt.

«Mon enfant, dis-je alors à mon fils, tu as été trop prompt avec cet homme qui pouvait te faire beaucoup de mal. Mais ta promptitude montre la bonté de ton cœur : tu t'es conduit comme un bon frère.»

Cependant, Sophie paraissait si abattue, que sa mère jugea prudent de la faire mettre au lit.

Quand elle y fut, nous nous retirâmes, pour qu'aucun bruit ne vînt déranger son repos, mais un quart d'heure ne s'était point écoulé, lorsque nous l'entendîmes tout à coup pousser des cris perçants : nous nous élançâmes aussitôt vers son lit.

Elle était en proie à une attaque nerveuse des plus violentes. Les yeux hagards, les bras agités par des convulsions, elle laissait échapper des mots, tour à tour murmurés à voix basse, ou prononcés d'une voix si aiguë qu'elle nous glaçait d'effroi. Peu à peu, ces mots, incohérents d'abord, devinrent des phrases, dont nous comprenions le sens et qui nous révélaient ses pensées les plus secrètes.

«Oh ! mon Frédéric ! disait-elle, tout est fini ; je ne e reverrai plus...

Puis, d'une voix étouffée par la peur :

«Monstre infâme, mais tu vas la tuer ! mon père, mon père, vite à son secours, elle mourait de faim.-

Puis, la voix redevenait plus calme, on eût dit que la malade se livrait toute seule à une méditation profonde :

«Moi, devenir sa femme ! rester avec lui pour toujours ! oh ! non... je ne le peux pas... malheureuse que je suis, il le faut !.. »

Et sa tête retombait sans forces.; elle semblait accablée sous le poids de son malheur.

En entendant ces mots, je regardai ma femme dans une mortelle inquiétude. «Il le faut !» me répétais-je tout bas. Ainsi, je ne m'étais pas trompé, elle le hait, elle l'épouse par force, mais quelle est donc cette puissance terrible qui la jette ainsi dans les bras d'un homme odieux ?

Je l'avoue, je crus qu'elle voulait réparer une faute ; cette pensée me fit horreur, et pourtant je lui pardonnai et déposai un baiser sur son front inondé d'une sueur glacée. Elle était si malheureuse !

Puis, dans une angoisse inexprimable, j'attendais qu'une nouvelle confidence me révélât le secret qui causait son malheur. J'attendis en vain ; des larmes abondantes coulèrent de ses yeux ; peu à peu, la crise se calma ; enfin elle s'endormit ; mais ce sommeil léger et sans cesse interrompu par des mouvements convulsifs nous effrayait : nous l'éveillâmes.

«Qu'ai-je donc eu ? nous dit-elle. Quels rêves affreux je viens de faire ! n'ai-je pas parlé tout hau' ?» demanda-t-elle avec une visible inquiétude.

«Calme-toi, mon enfant, lui dit sa mère.

«Ma fille, repris-je avec gravité, le mal t'a trahie : quelques paroles que tu viens de prononcer dans la crise dont tu sors à peine ont plus que jamais confirmé mes soupçons ; soulage enfin ton cœur de ce secret pénible que tu nous caches depuis trop longtemps. Non, mon enfant, tu n'oserais jurer devant

Dieu que tu acceptes librement Diemer pour ton mari. Pourquoi te défier alors de notre affection ? Pourquoi vouloir te conduire toujours toi-même ? Ne sais-tu donc pas combien ton bonheur nous est cher ? Ne sais-tu pas que te rendre malheureuse, c'est nous jeter nous-mêmes dans le malheur. Tu ne seras jamais la femme de cet homme, j'en fais le serment solennel. Quelle que soit la confidence que tu as à nous faire, ne la diffère pas davantage ! Parle, parle sans crainte, nous sommes tout prêts à t'ouvrir nos bras et à te pardonner, si tu as commis une faute.»

Sophie ne put résister à ces paroles, sorties du fond de mon cœur : «Hélas ! dit-elle, que de tristes choses je vais vous révéler !... Déjà, dans notre pays, j'avais remarqué les regards étranges que Diemer arrêtait sur moi. Quand nous fûmes embarqués, il choisit l'instant où ma mère ne pouvait l'entendre, me dit qu'il m'aimait depuis longtemps, et qu'il n'était parti avec nous que pour m'épouser un jour. Que de fois depuis lors, il m'a tenu le même langage ! mais je ne voulais point vous prévenir, car je savais combien cet homme vous était utile et je redoutais de vous voir obligés de rompre avec lui pour toujours. Enfin, sans m'en parler, il vous demanda de me donner à lui : aussi adroit qu'il est violent, il épia l'instant où vous m'instruiriez de sa demande, il se cacha, il entendit tout notre entretien. Le lendemain matin, il me prit à part et me dit ces paroles : «Le sort de votre famille est maintenant entre vos mains ; si vous répondez par un refus, vous la privez de mon appui et elle est perdue. A ces mots, il me quitta me laissant dans la plus cruelle incertitude, et, chaque fois que je le rencontrais, son regard audacieux me rappelait ses paroles menaçantes.

«J'acceptai, je me dévouai pour vous ; mais le retard que vous apportiez au mariage l'exaspéra :

saisissant les moindres occasions de m'entretenir en secret, il me pressait de vous demander que notre union s'accomplît sans délai. Mes refus redoublèrent sa colère : c'est à cet état d'irritation qu'est due la scène qui a mis fin à toutes ces tortures. Mais quoi ! faudra-t-il donc que j'achète mon repos au prix de votre ruine ?..»

«Dieu soit béni ! ma chère enfant ! m'écriai-je tout transporté de joie, en voyant que Sophie était restée pure, en comprenant enfin tout ce qu'il y avait de délicat, de courageux, de sublime dans le silence qu'elle avait gardé jusqu'alors ; je bénirai à jamais la circonstance qui t'a forcée de me faire cet aveu ! Dieu lui-même a pris soin de te récompenser, lorsqu'il a ouvert nos yeux sur la méchanceté de cet homme. Qu'il se sépare de nous, qu'il reprenne son argent, qu'il nous jette dans la misère, s'il le veut : pour nous consoler, nous aurons notre mutuel amour !»

La joie de ma femme, sa reconnaissance envers la Providence étaient au moins égales à ma joie et à ma gratitude.

10 avril 1842.

Dans la soirée de ce même jour, vers sept heures, j'étais avec ma femme dans la chambre de ma fille, dont la santé m'inspirait encore de vives alarmes, lorsque mon fils entra tout effrayé et me dit à voix basse :

»Père, le voilà !»

A ce nom funeste, je me levai tout ému ; ma femme et ma fille me prirent chacune par une main et me conjurèrent de ne point m'abandonner à la juste colère que la vue de cet homme devait exciter en moi. Je les rassurai d'un mot et j'allai trouver Diemer.

Je l'avoue, son aspect me fit reculer de dégoût ;

tous les mauvais instincts, qu'il avait jusqu'alors dissimulés, se lisaient en traits de feu sur son visage. La bête féroce avait rejeté la peau trompeuse dont elle s'était enveloppée d'abord. Avec quelle sévérité, avec quel dédain, je l'eusse reçu, je lui eusse reproché tous ses vices, si je n'avais été retenu par le voisinage de ma fille qu'une scène violente pouvait conduire à la mort!

Pour avoir le droit de m'expliquer plus librement avec Diemer, j'aurais désiré remettre notre entretien au lendemain. Il s'y refusa.

«Allons, allons, me dit-il, ne faisons donc pas tant de façons pour causer un peu d'une affaire épineuse. Votre fille vous aura sans doute raconté à sa manière la scène ridicule qui s'est passée tantôt.

— Vous la calomniez, lui répondis-je, si vous pensez qu'elle se soit fait un méchant plaisir de m'indisposer contre vous ; je ne vous le cacherai pas, j'ai appris avec beaucoup de peine la violence que vous avez montré à l'égard d'une malheureuse et de faibles enfants.

— Ah ! çà, croyez-vous que je suis venu ici pour entendre vos reproches ? Assez sur tout cela.... Est-ce aujourd'hui que vous me donnez une réponse définitive à la demande que je vous ai faite ? Votre fille sera-t-elle bientôt ma femme ?»

Tant d'audace me révolta ; baissant le ton de ma voix qui tremblait d'indignation :

«Malheureux, lui dis-je, osez-vous me tenir un tel langage à deux pas du lit où ma fille est étendue, à demi-morte encore de l'effroi que vous lui avez causé ? C'est là sans doute une belle promesse pour l'avenir et une promesse qui me va tout de suite décider à vous confier ce que j'ai de plus cher au monde!....

— Eh bien ! n'en parlons plus, et faisons nos comptes. Allez, allez, volez de vos propres ailes, mon bon ami! Le Seigneur viendra à votre aide, et le beau cousin débarquera quelque jour ici pour y réclamer sa fiancée, à moins qu'il ne trouve mieux ailleurs !»

La patience allait m'échapper, lorsque j'entendis quelque bruit dans la pièce voisine: je soupçonnai que ma femme et mes enfants écoutaient notre entretien ; je me résignai donc à vider jusqu'à la lie ce calice d'amertume.

«Les comptes seront aisés a régler, repris-je gravement. De ce que nous avons apporté, 2800 fr. nous restent: sur cette somme, 1800 fr. vous appartiennent ; le notaire le sait aussi bien que moi; vous pouvez les reprendre.

— Et je ne tarderai guère, mais tout n'est pas ainsi fini. Le terrain que vous cultivez n'a point été concédé à vous seul: la moitié me revient de droit. J'exige que le partage soit fait, et tout de suite.

Je n'avais point songé à ce surcroît de malheur: je fus interdit.

«Le partage sera fait quand vous le voudrez.»

Mais les vices de Diemer me furent plus utiles que n'eussent été des prières.

Il avait lié connaissance, depuis quelque temps, avec un colon du village de Mustapha, nommé Wildmann. C'était un homme corrompu, méchant, mais d'une activité dévorante. Dès que Diemer comprit que notre société était rompue, il résolut de s'unir désormais à Wildmann. Aussi, le matin même, en quittant mes enfants épouvantés, il alla le trouver (j'ai appris tous ces détails depuis notre rupture). Wildmann l'accueillit à bras ouverts, mais il lui demanda surtout de l'argent.

Lors donc que j'offris à Diemer de lui rendre aussitôt sa part du champ commun:

«Ne vous emportez pas, me répondit-il d'un air patelin ; j'ai bien aussi quelques droits à la moitié de la récolte. Mais tout cela peut s'arranger avec de l'argent. Mille francs vous restent ; abandonnez-les moi et je vous cède tous mes droits.»

Cette proposition était inacceptable : je ne pouvais ainsi réduire ma famille et moi-même à mourir de faim.

Diemer jouit cruellement de mon embarras, durant quelques secondes. Mais il lui fallait de l'argent à tout prix et tout de suite :

«Eh bien ! me dit-il, si mille francs vous épouvantent, je me contenterai de huit cents.»

Je ne raconterai pas cette scène ignoble, durant laquelle il me fallut, écu par écu, disputer le pain de mes enfants à cet homme sans cœur qui eût été si heureux de nous jeter dans la misère.

Je parvins enfin à lui arracher un acte de renonciation, moyennant six cents francs.

L'acte signé, nous nous quittâmes et ses dernières paroles furent encore une insulte.

«Mon cher, me dit-il, je souhaite que vous soyez heureux, mais je ne le crois guère. Le bonheur n'est pas fait pour les saintes gens ; il faut avouer aussi que les saintes gens ne brillent pas par l'esprit.»

«Allez, lui dis-je, allez, misérable!.... Pour épouser une enfant dont vous n'eussiez pas osé demander la main en France, vous avez engagé toute une famille dans une entreprise où mille douleurs l'attendent.... Tour à tour hypocrite et violent, vous me trompiez et vous abusiez de la noblesse de cœur de ma fille pour lui faire contracter un engagement qui ne lui inspirait que de l'horreur, car elle vous connaissait.... Allez, et, au lieu de rire des sentiments religieux que Dieu a mis dans mon âme, bénissez-les ; seuls, ils retiennent ma main : si ma foi ne m'arrêtait pas, voyez, nous sommes seuls, je pourrais vous infliger une punition terrible, sans qu'un homme au monde se dressât pour m'accuser....»

En prononçant ces mots, j'étais dans un tel état

d'exaspération que Diemer qui connaissait ma force, jugea prudent de partir, sans essayer même de me répondre.

Il fit bien : un mot insolent de sa part, en ce moment, eût peut-être amené de la mienne un éclat dont il se fût repenti trop tard.

15 mai 1842.

Notre récolte est faite depuis une semaine ; elle n'a pas même rapporté le peu que j'espérais : de là, nouvelles inquiétudes pour l'avenir.

Que je plains ces hommes qui ne croient pas à la Providence ! ôtez ce dernier appui au malheureux, que lui reste-t-il ?.... seule cette idée me console, et elle me console pleinement.

1er juin 1842.

Non, Dieu ne s'est point retiré de ce monde où tant de crimes se commettent à chaque heure. Sa main sévère atteint tôt ou tard les coupables. Aujourd'hui, c'est le tour de mon beau-frère. Puisse ce châtiment mérité amener dans son âme un remords salutaire.

Le même ami, qui m'a écrit déjà une fois, m'adresse en ce moment une seconde lettre :

«La femme de votre beau-frère vient de mourir, me dit-il ; elle a été enlevée par une dyssenterie qui a fait ici de grands ravages. Son fils était alors dans la ferme où son père l'avait envoyé. Malgré le désir de son père, il n'avait point encore voulu épouser la femme que sa famille lui avait choisie. Lorsque sa mère tomba malade, il fut aussitôt mandé près d'elle. Peu de jours après, elle mourut entre ses bras.

«Le père et le fils restèrent alors ensemble, durant quelque temps. Puis, on ne vit plus le jeune homme et nul ne savait ce qu'il était devenu. Mais j'aimais ce brave garçon ; j'étais inquiet de son sort et je pris des informations auprès de ceux que je croyais le mieux au courant des affaires du père et du fils. Tout ce que j'ai pu apprendre m'a singulièrement affligé. Votre neveu est parti à la suite de violentes discussions avec son père ; il n'est point retourné à la ferme dans laquelle il a passé ces derniers mois : nul ne sait, on n'a voulu me dire dans quel endroit il s'est retiré. Son malheur m'afflige autant que s'il était tombé sur quelqu'un des miens. Si je puis découvrir plus tard en quel lieu il est et ce qu'il y fait, soyez assuré que je calmerai aussitôt votre inquiétude Quant à son père, il paraît maintenant si malheureux que, malgré ses fautes, je ne puis m'empêcher de le plaindre.»

Cette lettre que j'ai communiquée à ma femme nous a également contristés l'un et l'autre. Nous nous sommes bien gardés de la lire tout entière à notre fille. D'aussi désolantes nouvelles la tueraient, faible comme elle l'est, et toujours prête à verser des larmes, au souvenir de celui qu'elle aime aujourd'hui plus peut-être qu'autrefois.

Le malheureux enfant, qu'est-il devenu ? Quel motif puissant a pu le déterminer à rompre ainsi avec son père ? Où a t-il été chercher un refuge ? Veuille le Seigneur que le courage et la foi ne l'aient point abandonné et qu'il n'ait pas été, comme le font tant d'insensés, demander à la mort un repos qu'elle ne leur garde pas !

22 août 1842.

Trois mois se sont écoulés, depuis que ma plume n'a couru sur ces pages. Et qu'eussé-je pu y écrire, sinon les mêmes inquiétudes, les mêmes travaux, venant chaque matin, s'emparer de nos journées et les occupant tout entières. Tant que la vie s'écoulera ainsi pour nous, sans joie et sans espoir, je laisserai ces feuillets attendre au fond de mon tiroir que le Seigneur me veuille bien donner enfin un peu de bonheur. Pour faire marcher mon esprit et má plume, il me faut ou la douce joie du cœur, ou la cruelle excitation de la souffrance. A quoi bon d'ailleurs, à quoi bon consigner ici le souvenir de journées qui ne laisseront aucune trace dans mon existence?

15 septembre 1842.

Une nouvelle douleur me menace ; une fois encore, le malheur m'étreint dans sa main impitoyable. O mon pauvre journal ! je te viens confier ma peine !

C'est en vain que je voudrais me le dissimuler : bientôt je serai seul ici avec mes deux enfants. Celle que j'ai tant aimée, celle qui supporte avec tant de résignation nos communes épreuves, ma femme me sera bientôt ravie ! Une fièvre lente la mine depuis deux mois. Née des brûlantes chaleurs de l'été, des privations de chaque jour et, par dessus tout, des préoccupations incessantes, la maladie ne peut être écartée par aucun remède.

Hélas ! de tant de malheurs que j'avais prévus, lequel eût pu me frapper d'un coup aussi cruel, et ce n'était pas celui-là que je redoutais ! Cette vie me semblait si étroitement unie à la mienne, que je croyais que le même jour nous verrait mourir !

22 septembre 1842.

Chaque heure vient confirmer mes sinistres prévisions ; chaque heure voit redoubler mes alarmes.

Hier soir, le médecin avait prescrit de nouveaux remèdes, des remèdes coûteux. Lorsqu'il fut parti, ma femme, s'adressant à sa fille et à moi, nous dit :

« Mes bons amis, pourquoi faire cette dépense ? Le moment où je dois vous quitter est proche !... »

Puis, elle s'est entretenue avec nous de tout ce que nous aurions à souffrir encore ; elle a ranimé notre confiance en Dieu ; on eût dit entendre la parole même d'un ange.

26 septembre 1842.

Le mal fait des progrès effrayants ; la courageuse femme que nous lui disputons suit sa marche pas à pas ; je n'eusse pas cru que l'on pût regarder la tombe d'un œil aussi intrépide !

« Mon ami, m'a t-elle dit, hier soir, il faut m'aller chercher un prêtre. »

Comme ces mots redoublaient notre douleur :

« Du courage ! reprit-elle, qui donc consolera mes enfants, si toi-même tu te laisses abattre ? Et puis, la venue du prêtre est-elle donc une annonce de mort ? Ne sais-tu pas que pour le corps lui-même les remèdes de la religion sont parfois meilleurs que ceux des hommes ? »

Le prêtre est venu ce matin ; il s'est longtemps entretenu avec la malade. Lorsqu'il fut parti, je la trouvai plus calme, plus courageuse que jamais. Hélas ! il règne sur ses traits une sérénité qui me navre de douleur : cette joie n'est plus de la terre !

3 octobre 1842.

Tout est fini... je ne la reverrai plus que dans le ciel ! Elle est morte, la noble femme que j'ai tant aimée ; celle qui seule m'a fait connaître le bonheur ici-bas ; celle qui consolait toutes mes tristesses et ramenait sans cesse ma pensée vers Dieu ! L'ange gardien de mon foyer s'est envolé vers les cieux, et moi, je reste seul avec mes enfants qui pleurent la mère à jamais absente du foyer !

Elle est morte, résignée à l'ordre de Dieu, mais toute désolée de nous quitter, et de nous quitter au milieu de nos épreuves !

Peu d'heures avant de rendre le dernier soupir, elle nous a tous réunis autour de son lit.

«Mon ami, m'a-t-elle dit d'abord, tu as déjà beaucoup souffert dans ce pays où Dieu nous a conduits pour un dessein que j'ignore. De nouveaux travaux t'y attendent ; réfléchis, interroge-toi sérieusement, et, si tu crois que la France te réserve des jours moins pénibles, n'hésite pas à retourner dans notre patrie.... j'eusse été bien heureuse de savoir que mes os reposeraient dans le cimetière de notre village !... c'est un dernier sacrifice, je vous le fais, ô mon Dieu !...»

Se tournant alors vers Sophie :

«Promets-moi, mon enfant, que tu te souviendras toujours des conseils que je t'ai donnés, promets-moi que tu n'abandonneras jamais ton père et que tu me remplaceras auprès de ton jeune frère.»

Ma fille fit toutes ces promesses en fondant en larmes.

«Merci, mon enfant, merci ! murmura la mourante. Je ne sais d'où me vient cette confiance : je crois pouvoir te le prédire : tu seras bientôt récompensée de ton amour pour moi et pour ton père.»

A partir de ce moment , elle perdit la parole et, quelques heures après, elle expira entre nos bras.

Le lendemain , dans la soirée , nous l'avons conduite à sa dernière demeure ; nous marchions seuls derrière la bière qui renfermait sa dépouille. Oh ! mon Dieu , il faut que l'homme soit un être bien prédestiné à la douleur, pour que notre cœur ait eu la force de supporter une séparation aussi cruelle.

Lorsque nous rentrâmes , seuls, dans cette maison dont elle était l'âme, étouffés par nos sanglots, ne pouvant proférer une parole, nous nous tînmes tous les trois embrassés durant longtemps ; mais nous n'avons point maudit la vie , car Dieu nous laisse encore notre commun amour et la confiance en sa bonté !

30 octobre 1842.

Les grandes pluies ont déjà commencé ; l'époque présente est favorable pour les travaux auxquels je me suis voué ; mais le découragement s'est emparé de moi et la charrue vacille dans mes mains sans vigueur. Plusieurs fois par jour le dernier conseil de celle que je pleure revient s'offrir à mon esprit et l'image aimée de la France me fait prendre en haine cette Algérie , où j'ai trouvé tant de malheurs.....

31 octobre 1842.

J'ai fait part de mes incertitudes à ma fille. Je lui ai rappelé tout ce que nous avons souffert ici, toutes les douleurs qui nous y attendent encore ; je lui ai représenté que l'heure des semailles était arrivée ;

qu'il ne nous restait plus qu'une somme tout juste suffisante pour effectuer notre départ.

«Tu as raison, mon père, m'a-t-elle répondu. Tu es bien malheureux! Il faut partir!»

Mais en disant ces mots, elle semblait tout affligée, comme si elle m'eût fait un pénible sacrifice. Quel lien secret la retient donc encore?

2 novembre 1842.

J'ai compris aujourd'hui quel puissant attrait retient Sophie sur cette terre où tant de souffrances nous ont éprouvés déjà.

Ce matin, au retour de la messe, je suis allé seul à la tombe de ma femme. Irrésolu, abattu par la tristesse et par l'inquiétude, j'ai espéré trouver des consolations et des conseils sur ce coin de terre bénit.

Arrivé près de la tombe, je m'assis sur la terre nue; je priai, et, évoquant tous mes souvenirs d'autrefois, je crus voir la figure aimée de ma compagne se présenter devant mes yeux. Puis, comme si elle eût pu m'entendre, je lui confiai mes doutes; comme si elle eut été présente aux yeux de mon âme, j'attendis sa réponse.

Hélas! sa voix ne devait plus résonner à mon oreille! mais, au fond de mon cœur, il me sembla l'entendre : elle me disait d'un ton de doux reproche: Eh! quoi, me veux-tu donc abandonner seule dans ce pays lointain où je ne suis venue que pour t'aider à supporter tes douleurs?

Non, non, dis-je tout ému. Je resterai, jusqu'au jour où je pourrai rapporter tes restes dans la patrie.

Et maintenant, ma résolution est prise, je ne partirai pas. Insensé que j'étais, comment avais-je pu oublier que cette terre a pour me retenir le plus puissant des talismans, le tombeau de celle que mon cœur pleurera toujours?

Lorsque j'ai annoncé cette bonne nouvelle à Sophie:

— Oh! merci, mon cher père, m'a-t-elle répondu. Je n'avais osé te le dire; mais j'avais confiance que tu devinerais ma pensée.

20 novembre 1842.

Cette année, nous n'aurons pas, comme l'an dernier, à déplorer le retard des grandes pluies. Elles ont commencé de bonne heure et avec une abondance extraordinaire: nos pluies d'Europe ne peuvent donner une juste idée de ces ondées africaines, tombant à torrents et, parfois, durant plusieurs jours. Grâce à mes travaux de l'été, grâce à ce que j'ai pu faire depuis l'automne, une partie considérable de mon champ était prête pour recevoir la semence. Je l'y ai jetée, Dieu veuille l'y faire germer! Le prix qu'elle m'a coûté, nos petites dépenses quotidiennes, les frais occasionnés par la maladie de ma femme, l'argent qu'il m'a fallu donner à Diemer, tout cela a fait à mes économies une brèche terrible.

N'importe!... je garde bon espoir. Cette terre est si féconde, l'année s'annonce si belle! et puis, Dieu soit béni! je n'ai point apporté ici les vices qui perdent autour de moi tant de malheureux!.. Les uns, naguère ouvriers inhabiles dans quelque carrière industrielle, se sont, en Algérie, improvisés cultivateurs, comme si cette profession, si simple en apparence, n'exigeait pas des connaissances spéciales, pratiques, que leur vie antérieure ne leur a pas apprises. Lassés par un mauvais succès, né de leur inexpérience, ils ne travaillent plus et cherchent l'oubli dans l'ivresse.... D'autres, agriculteurs habiles, il est vrai, ont eu le tort d'entreprendre des défrichements trop considérables ; la terre a englouti les fonds qu'ils avaient apportés ; qu'ils y versent quelques milliers de francs encore, ils seront largement récompensés de leur travail. Mais non, tout est absorbé : l'usure seule leur tend une main perfide ; elle les entraînera dans l'abîme et, eux disparus, s'emparera de leurs biens.... Plus j'y songe, plus je me dis que les jours prospères ne commenceront pour notre colonie algérienne qu'à l'époque, prochaine je l'espère, où ce sol fécond résonnera sous la pioche de vrais paysans, bien au fait de la culture, patients, économes, sobres et travailleurs.

4 décembre 1842.

Dimanche soir, nous étions réunis devant un feu joyeux que nous avions allumé plutôt pour nous tenir compagnie et pour nous rappeler la France, que par besoin réel, car il ne fait jamais très-froid en Algérie.

Tout à coup nous entendîmes parler à la porte de notre maisonnette :

«C'est ici disait une voix.

«Je vous remercie, répondit une autre, sans vous je n'eusse pu trouver.»

Il me sembla que le timbre de cette voix n'était point inconnu à mon oreille.

«C'est lui ! s'écria ma fille, toute pâle d'émotion. Aussitôt je m'élançai vers la porte ; Sophie ne s'était pas trompée : mon neveu était en face de moi, mais revêtu de l'habit militaire.

Mon étonnement, ma joie étaient extrêmes ; Sophie ne pouvait dissimuler son bonheur ! Ce fut un moment bien doux pour moi et pour nous tous !

Puis vinrent les mille questions que faisait naître une curiosité bien naturelle.

«Depuis quand es-tu ici? demandait Sophie. Comment se fait-il que tu sois soldat ? où ton régiment est-il en garnison ?»

Et, en disant ces mots, elle était près de verser des larmes. Retrouver celui qu'elle aime, mais le retrouver engagé dans une carrière si périlleuse, c'était pour elle une douleur trop vive.

«Ma chère enfant, lui dis-je en souriant, le meilleur moyen de ne rien apprendre, c'est de questionner sans cesse. Laisse ton cousin se reposer un peu : il nous dira ensuite comment il se fait que nous ayons le bonheur de le revoir, et pourquoi nous le retrouvons sous ce costume.

«Je vais vous le dire tout de suite, mon cher oncle, tout de suite ;» et, s'asseyant entre Sophie et moi, il commença sur-le-champ son récit :

«Je ne vous parlerai pas, nous dit-il, de la peine que me fit éprouver votre départ, vous l'avez assez vue par vous-même, lorsque je vins vous faire mes adieux. Mon père et ma mère s'aperçurent aisément de ma douleur ; elle les aigrit contre moi ; et chaque jour, je dus écouter les reproches amers qu'ils m'adressaient au sujet de mon affection pour vous.

«Un mois s'écoula de cette sorte ; vint alors la fête de notre village. Plusieurs amis de mon père arrivèrent de divers côtés, pour la célébrer avec nous. Parmi eux se trouvait un riche meunier des environs de Schlestadt, qui avait amené sa fille avec lui. C'est une grande femme, belle sans doute, mais d'une beauté qui ne me plut pas, et puis....» Joseph n'osa achever sa pensée, Sophie rougit. Après un moment de silence, mon neveu continua :

«Son père et elle vinrent souper, le soir, à la maison ; je dus ensuite les accompagner à la danse. J'y fis triste figure. Et pourtant, lorsque nous rentrâmes, après les avoir reconduits assez loin sur la route, mon père me prit à part, et il me dit :

«Mon garçon, tu as convenu au meunier. Il a besoin en ce moment d'un homme jeune, sérieux, actif, qui s'occupe à surveiller ses champs, tandis que lui-même fait marcher le moulin. Tu es l'homme qu'il lui faut pour cela, il me l'a dit tout d'abord, et nous sommes convenus que, dès la semaine prochaine, tu seras installé dans sa maison.

«Ma foi! voilà une heureuse rencontre! Le meunier est un brave homme, sa fille est certes une belle femme et, dans un an, qui sait? peut-être avant, vous pourriez bien faire le plus joli ménage de l'endroit.»

«Vous connaissez mon père; on ne peut lui résister. Je dus me soumettre et partir, bien que je fusse résolu à ne point épouser celle que l'on m'imposait.

«Durant tout l'hiver, je demeurai dans la ferme, accomplissant courageusement mon devoir et pensant à vous tous les jours. Combien j'eusse désiré venir vous rejoindre! mais je ne savais comment m'y prendre, je redoutais votre accueil et craignais que ce ne fût une grande faute d'abandonner ainsi ma famille.

«Cependant le meunier m'avait pris en affection; mais sa fille, qui avait d'abord paru désireuse de me plaire, s'aperçut bientôt du peu de progrès qu'elle faisait dans mon cœur: elle me regarda dès lors avec une froide indifférence. Je crois qu'elle m'eût fait congédier, si ma présence ne lui était devenue utile. Elle se prit alors d'amour pour le premier garçon du moulin, bonne nature je me plais à le dire, mais n'ayant pas un sou à lui. Pour cacher cet amour à son père, qui l'eût certes désapprouvé, elle se mit à feindre de me voir avec plus de plaisir que jamais, et le meunier nous croyait tous les deux fort épris l'un de l'autre, mais trop timides pour nous expliquer encore.

«L'hiver, le printemps et une partie de l'été se passèrent ainsi. C'est alors que ma mère fut attaquée de la maladie qui nous l'enleva dans quelques jours.

«Mon père me fit aussitôt mander auprès d'elle. Ma mère, tout accablée qu'elle était par son mal, me reçut avec une tendresse que je ne lui avais jamais connue jusqu'alors. Elle, si sévère, parfois même si dure, elle était devenue ausi douce quel était ma tante elle-même; car j'ai appris le terrible malheur qui vous a frappés, vous aussi.»

En disant ces mots, Joseph ne put retenir ses pleurs; ce souvenir avait fait couler les nôtres.

Il reprit d'une voix plus émue:

«Un soir, la veille du jour de sa mort, j'étais assis tout seul au pied de son lit. Elle s'était, ce jour-là, préparée à paraître devant Dieu.

«Elle arrêta ses yeux sur moi, et, me prenant la main:

«Mon enfant, me dit-elle, j'ai commis bien des fautes dans ma vie: nulle ne m'afflige plus aujourd'hui que la manière cruelle dont je me suis conduite envers ton oncle et ta tante. Combien j'ai été coupable de les laisser partir au lieu de leur tendre une main amie au milieu de leurs malheurs! Qui sait? si j'eusse été envers eux telle que je devais être, les autres eussent peut-être été moins méchants pour eux, et ils seraient ici encore!»

«En prononçant ces paroles, ma mère paraissait étrangement tourmentée par le repentir.

«Mon fils, continua-t-elle, laisse-moi emporter cette suprême consolation dans la tombe : n'est-ce pas, tu répareras le mal que ton père et moi, nous avons fait? Et pour cela, tu t'efforceras de changer ses dispositions à l'égard de nos parents; tu lui raconteras tous mes remords; tu l'emmèneras avec toi et vous irez tous deux les chercher dans leur exil. Mais si ton père est insensible à tes prières, s'il continue à nourrir contre eux cette injuste haine que j'ai partagée, oh! mon enfant, je t'en conjure, n'hésite pas à accomplir tout seul l'œuvre de réparation que je te demande. Obtiens d'eux qu'ils m'accordent mon pardon, que rien ne te coûte pour leur rendre le bonheur, et Dieu te récompensera en t'unissant à Sophie que tu aimes et qui est en tout point digne de ton amour.»

«Je fis aussitôt à ma mère la promesse qu'elle me demandait, et je la fis avec une joie indicible : n'était-ce pas là, en effet le plus ardent désir de mon cœur?

«Le lendemain, dans la matinée, je fus obligé de sortir durant un temps asez long. Lorsque je rentrai, je trouvai ma mère accablée de tristesse.

«Joseph! me dit-elle, ton père me désespère. Va! je suis cruellement punie de mes fautes! mais toi souviens-toi de ce que tu m'as promis.»

«Le surlendemain, j'accompagnai le corps de ma mère à sa dernière demeure. Vous savez tout ce qu'un pareil jour renferme de souffrances. Mon père lui-même paraissait profondément affligé et, durant quelque temps, nous gardions tous les deux un silence qu'interrompaient à peine quelques paroles au moment du repas. On eût dit que nous comprenions que notre première explication aurait pour résultat de nous séparer pour toujours.

«Mon père, le premier, en fit naître l'occasion; un soir, après le repas il me dit :

«Joseph, il faut te préparer à repartir pour aller reprendre ta place. Jusqu'à présent, je ne t'ai pas pressé d'épouser la femme que je te destine; aujourd'hui, je te le déclare, je veux que votre mariage soit célébré au commencement de l'hiver.»

«La sévérité de mon père et son caractère violent m'avaient épouvanté jusqu'alors; mais, ce jour-là, je sentis qu'il était de mon devoir de déposer la timidité d'un enfant et de parler en homme.

«Je lui peignis alors tous les remords qui avaient déchiré le cœur de ma mère; je lui confiai la promesse solennelle qu'elle m'avait fait faire; je lui représentai tous vos malheurs causés par sa haine, et je lui déclarai que, bien loin de vouloir épouser la fille du meunier, je m'étais juré de ne me donner aucun repos, tant que j'aurais lieu de vous croire malheureux.

«J'avais parlé avec le plus grand respect; mais mon père, qui m'avait écouté jusqu'au bout, en proie à une sourde fureur, mon père s'abandonna alors à toute sa colère, et ce fut une scène terrible, dont je me souviendrai jusqu'à ma mort.

Toutes mes explications, toutes mes prières furent vaines:

— Va-t'en, me dit-il, va chercher ceux que tu me préfères. A partir d'aujourd'hui, il n'y a plus rien de commun entre nous deux. Je ne reconnais plus un fils qui ose se révolter contre moi...

Mais non, mon oncle, je ne veux pas vous rapporter toutes les cruelles paroles qu'il me dit alors: sa colère l'égarait.

Le lendemain matin, ma résolution était prise. Un seul moyen s'était offert à mon esprit pour venir vous retrouver, c'était de me faire soldat. Bien que cette nouvelle carrière fût peu d'accord avec mes goûts, je l'acceptai, n'en trouvant point d'autre qui me permît de vous revoir.

Quand je fis part de ce projet à mon père :

— Pars, me dit-il, et désormais oublie que tu as un père !

— Non, mon père, lui dis-je, je ne l'oublierai jamais. En quelque lieu que Dieu me conduise, je l'y prierai toujours, pour qu'il vous rende heureux.

Trois mois après, j'abordais enfin sur cette terre d'Afrique, objet de tous mes vœux. Hélas! que de démarches inutiles je fis pour vous trouver! Que de fois on m'éconduisit brusquement, moi, pauvre soldat, auquel personne ne se souciait d'être agréable. Mais ma persévérance ne se lassa pas : n'étais-je pas venu uniquement pour vous voir, pour vous demander pardon au nom de ma mère, et pour vous dire que je n'ai moi-même qu'un désir, celui de réparer ses fautes!»

«Mon ami, lui dis-je, Dieu veuille les lui pardonner comme nous les lui pardonnons tous! Ah! mon enfant, combien je suis peiné de voir que tu aies si scrupuleusement accompli ta promesse! Quelle pénible, quelle périlleuse carrière tu as embrassée pour nous retrouver, et durant un temps bien court! C'est une noble vocation que celle du soldat ; mais cette vocation ne me paraît pas en effet convenir à tes instincts paisibles. Ta résolution a été celle d'un bon cœur, mais d'un cœur de vingt ans ; si sacrée que fût la promesse jurée à ta mère mourante, il eût fallu attendre encore, jusqu'à ce que Dieu te présentât un moyen plus aisé de l'accomplir.»

Joseph ne me répondit pas : je compris que je l'avais affligé ; pour le consoler, je repris d'un ton amical et joyeux :

— Allons, je vois bien que tu n'es pas de mon avis. Tu es peut-être plus sage que moi : à quoi serviraient aujourd'hui des regrets?...... Combien de temps aurons-nous le plaisir de te conserver avec nous?

— Jusqu'à demain soir seulement.

— Et tu retourneras alors à ta caserne ? reprit tristement Sophie.

— Oui, ma petite cousine, mais je viendrai souvent vous voir.

Le reste de la soirée se passa au milieu des conversations les plus agréables, bien que le souvenir de nos pertes récentes vînt, de temps en temps, y mêler une ombre de tristesse.

Le lendemain matin, Joseph voulut venir m'aider

dans mon travail ; j'y consentis de grand cœur ; j'ai toujours aimé cet enfant, comme s'il eût été mon fils, et je crois que jamais affection ne fut mieux placée.

Comme nous étions seuls dans le champ :

— Mon oncle, me dit Joseph, avouez-le franchement, mon arrivée vous a contrarié ?

— Pourquoi, lui répondis-je, avouerai-je un sentiment que je n'ai pas éprouvé ! Qui est-ce qui te peut faire croire qu'il en ait été ainsi ?

— Une raison bien simple : vous connaissez l'amour que j'ai toujours eu pour ma cousine Sophie ; vous ne voulez point nous unir contre la volonté de mon père ; cette position fausse est une gêne pour vous, je le crains du moins.

— Chasse cette crainte, mon enfant. Je connais trop tes qualités, je sais trop quelle est ta raison pour croire que tu veuilles me jeter par des demandes inopportunes dans des embarras qui seraient plus cruels pour Sophie que pour moi-même.

— Oh ! ne le craignez pas, mon oncle : vous n'aurez jamais un reproche semblable à m'adresser. En venant ici, j'ai voulu, avant tout, obéir à l'ordre de ma mère ; et en même temps, échapper aux sollicitations, aux menaces de mon père qui me voulait forcer d'épouser une femme que je ne puis aimer ; mais je le comprends parfaitement, je ne dois pas songer en ce moment à devenir le mari de ma cousine. Je ne vous demande qu'une chose, c'est de ne point me défendre toute espérance pour l'avenir et aussi de me permettre de venir quelque fois vous rendre visite.

— Cette permission, je te l'accorde avec joie ; tu ne viendras jamais trop souvent. Tu as tenu toutes les promesses de ton enfance : tu es un homme comme je désire que mon fils en soit un plus tard.

Pour lui mieux montrer ma confiance, je l'engageai à aller un peu revoir sa cousine. Il y courut aussitôt.

1 janvier 1843.

Nous avons célébré en famille la fête du nouvel an ; Joseph a passé cette journée tout entière avec nous. Mais bien des larmes se sont mêlées à notre joie. L'avenir est pour nous tous si plein d'inquiétudes !

Nos dépenses, si modestes qu'elles soient, enlèvent chaque jour quelque chose au petit capital qui doit nous faire vivre jusqu'à la récolte prochaine. Nous y pourra-t-il conduire et cette récolte, sur laquelle nous basons tant d'espérances, ne trompera-t-elle pas nos vœux ?

A cette grave préoccupation que d'autres se viennent joindre encore ! Des tribus puissantes se sont révoltées dans la Kabylie ; chaque semaine on y envoie des corps de troupes nombreux et beaucoup d'hommes succombent dans cette guerre meurtrière. Nul doute que Joseph ne soit appelé, un jour ou l'autre, à prendre sa part de ces dangers et de ces fatigues. Cette crainte me poursuit partout et rend ma fille plus malheureuse encore.

16 janvier 1843.

Nos pressentiments n'étaient que trop fondés : Joseph est venu prendre congé de nous, hier dans la soirée. A l'heure où j'écris ces lignes, il est déjà loin.

Mon cœur se brisait de douleur, lorsque je considérais, hier, mes enfants se faisant leurs adieux, des adieux éternels peut-être. J'eusse donné ma vie tout entière pour épargner à Sophie une heure aussi cruelle.

Malgré tout son courage, elle était aujourd'hui tellement accablée par sa douleur qu'elle ne pouvait prononcer une parole, et sans cesse sur ses joues coulaient des larmes qu'elle cherchait à nous cacher.

Ce soir, je l'ai vue avec bonheur se diriger vers la tombe de sa mère. Mon espérance n'a point été déçue : elle en a rapporté plus de calme et de courage. Le tombeau d'une mère recèle de bien grands souvenirs, des enseignements bien saints, une espérance bien haute !

20 février 1843.

La longue série de nos malheurs n'est donc point encore terminée !

Depuis quinze jours, je lutte en vain contre une maladie qui me va bientôt jeter à mon tour sur un lit de souffrances.

Reposez-vous, me dit le médecin, l'excès des fatigues et les soucis quotidiens vous rendent malade, plus encore que les miasmes insalubres, exhalés d'un sol resté longtemps sans culture.

Me reposer ? Et le puis-je, en présence de mon champ qui me réclame chaque matin ? Le puis-je, lorsque mes dernières économies s'écoulent entre mes mains, comme une eau que je ne saurais retenir ?

10 mars 1813.

Vainement j'ai voulu lutter contre le mal ; il m'a fallu succomber à la fin et, durant quinze jours, étendu sur mon lit, j'ai dû remettre mes travaux à mon fils, faible enfant qui n'y saurait suffire.

Oh ! que de fois durant cette quinzaine, le désespoir est venu s'asseoir à mon chevet et me suggérer des malédictions impies ! je l'eusse écouté peut-être ; peut-être ma bouche et mon cœur eussent proféré ces blasphèmes, mais le Seigneur avait mis le remède à côté du mal : Sophie, mon ange gardien, était toujours là pour soutenir, pour ranimer mon courage et ma foi; attentive à me servir, trouvant une parole de consolation pour chaque plainte nouvelle, elle semblait ne se souvenir que de mes souffrances. Et cependant, que de tristesse remplit son cœur ! que de soucis cruels le déchirent! Sans nouvelles de celui qu'elle aime, ayant tout à redouter pour sa vie, elle garde sa douleur pour elle seule.

20 mars 1843.

«Enfin, la santé m'est revenue. Dieu soit béni ! je puis donc regarder le malheur en face. Jamais il ne m'attaqua avec plus de fureur.

Sophie, dont les angoisses redoublent chaque jour, dépérit sous mes yeux comme une fleur que le vent du désert à brûlée et qui va bientôt mourir.

Et moi, je vois toutes mes ressources épuisées ; à peine me reste-t-il de quoi faire vivre mes enfants durant quelques jours. Me voici arrivé à ce dernier expédient que je redoutais par dessus tout : il me faut emprunter, et je ne sais si l'avenir me permettra de rendre !

24 mars 1843.

L'emprunt est contracté ! Jamais je n'eusse imaginé qu'il fût si difficile de contracter un marché aussi défavorable.

Quelques centaines de francs me sont prêtées pour trois mois, à cette condition qu'en les rendant, j'ajouterai un tiers à la somme. On n'a pas voulu me prêter pour une somme moindre.

La mo'sson qui se prépare ne me rapportera pas beaucoup plus. Comment vivrons-nous, durant toute l'année qui va suivre ? La mort de ma fille, la ruine, le déshonneur même se présentent sans cesse à mon esprit et, sans appui pour résister à tant de malheurs, j'attends en silence tous les maux que l'avenir me réserve.

Je comprends que les hommes qui n'ont plus de céleste espérance au fond du cœur aillent chercher le repos dans la mort.

20 avril 1843.

Après tant de souffrances, verrions-nous donc enfin la joie rentrer dans notre maison désolée ? Je ne sais ; je n'ose me le promettre encore ; mais, au moins, un rayon d'espérance a brillé dans notre ciel si sombre.

Voici quelques passages d'une lettre que je viens de recevoir : elle m'est adressée par cet ami sincère qui, du fond de notre village d'Alsace, vient de temps en temps se rappeler à notre souvenir :

«Un nouveau malheur a frappé votre beau-frère. Blessé dans son cœur par la perte de sa femme et par le départ de son fils, il vivait seul, triste, ne confiant sa peine à personne, ne demandant de consolation à nul d'entre nous. On dirait que Dieu a voulu le punir par l'endroit même par où il a péché à votre égard.

«Cet homme orgueilleux, qui vous a abandonné à partir du jour où la présence de votre coupable frère commença à vous nuire dans l'estime publique, cet homme lui-même vient d'avoir à souffrir cruellement dans son orgueil. Son frère, dont il était si fier à cause de sa fortune, vient d'être arrêté et conduit en prison, sous prévention de meurtre.

«Comme vous le savez, il est aussi violent, aussi arrogant que votre beau-frère lui-même. Il y a quelque temps, il chassait aux alentours du village où sont situés ses biens. Chasser en temps défendu est pour lui chose habituelle: aussi le garde champêtre fut-il heureux de le saisir sur le fait. Déjà même il se mettait en devoir de lui dresser procès-verbal, lorsque le délinquant entra en fureur et chercha à l'épouvanter par les paroles les plus menaçantes. Le garde champêtre garda tout son sang-froid.

«Déchire devant moi ton procès-verbal s'écria l'autre alors, ou je t'étends à mes pieds!

«Non, repondit le garde avec fermeté. Je suis disposé à enfreindre mon devoir pour vous moins que pour tout autre.»

«Un large fossé et une haie très-basse séparaient ces deux hommes. Un coup de fusil partit alors, et le malheureux garde tomba, l'épaule brisée par le plomb de son meurtrier qui, debout, épouvanté par l'action qu'il venait de commettre, restait immobile en face de sa victime et se repentait déjà, mais trop tard!

«Dès le soir même, le coupable fut arrêté dans un bois, à quelques lieues de son domicile. Quant au blessé, on espère sauver ses jours, mais il a fallu lui faire l'amputation du bras droit.

«Comme je vous l'ai dit déjà, nul ici n'aime votre beau-frère. Ceux mêmes qui vous étaient le plus opposés ont vu d'un mauvais œil sa dureté à votre égard; on a été encore plus choqué de sa conduite vis-à-vis d'un fils que nous estimions tous. Aussi, lorsque l'on apprit le nouveau malheur qui le frappait, nul ne le plaignit, plusieurs même dirent tout haut:

«C'est Dieu qui le punit: il n'a que ce qu'il mérite.»

«Pour lui, il fut d'abord si honteux qu'il n'osait plus sortir. Depuis quelque temps seulement il a repris son train de vie habituel; on le voit même travailler dans ses champs et surveiller ses ouvriers.

«Plus hardi que les autres, j'ai cherché l'occasion d'apprendre de lui-même comment il supporte tant de malheurs qui fondent si inopinément sur sa tête.

«Je ne crois pas me tromper: il me semble que ces leçons sévères n'ont pas été sans porter déjà des fruits. Je l'ai trouvé calme, triste, mais disposé à ouvrir son cœur à un ami. J'avais été le sien autrefois: je n'hesitai pas à lui parler avec une entière franchise. Il ne m'a point avoué qu'il eût le désir de revoir son fils, mais je ne doute pas qu'il ne l'appelle de tous ses vœux. J'ai même osé prononcer votre nom; il ne s'en est point irrité et m'a répondu par ces seuls mots prononcés avec embarras:

«Le pauvre diable! je crois bien que lui aussi ne mange pas du pain blanc tous les jours.»

«Toutefois, j'ai dû, dans ce premier entretien, me montrer très-prudent. Si, plus tard, je le voyais décidement revenir à des sentiments meilleurs, je me hâterais de vous apprendre cette heureuse nouvelle.

Je crains bien que mon beau-frère ne se repente maintenant trop tard!

Une seule lettre de son fils nous est parvenue, il y a quinze jours environ. Il se trouvait alors avec ses compagnons d'armes au milieu des pays insurgés, exposé aux embûches des Arabes, tour à tour s'humiliant devant le vainqueur et, quand ils le croient sans défiance, reprenant les armes avec une fureur nouvelle. A ces premiers périls se joignaient d'autres incommodités aussi meurtrières, la chaleur écrasante des jours, la perfide fraîcheur des nuits... Ma fille m'a prié de lui laisser cette lettre :

sans cesse elle la relit, mais ces quelques pages ne font que redoubler ses inquiétudes.

Autour de moi, je viens de voir encore une fois la main de Dieu s'appesantir sur un coupable. Diemer et son associé se sont séparés à la suite d'une querelle, née au sujet de la femme de ce dernier. Cette malheureuse a failli y périr. Quant à Diemer, blessé dans la rixe, honteusement chassé, il s'est enfui, je ne sais où. Telle est la fin ordinaire de toutes ces associations contractées entre des hommes sans foi.

20 avril...

Ainsi que je l'ai consigné bien des fois déjà sur ce journal, Sophie, mon excellente fille, la vivante image de sa mère, aussi courageuse que l'était celle-ci, aussi pieuse, aussi résignée à la volonté de Dieu, Sophie succombe sous le poids des douleurs et des préoccupations qui se succèdent sans cesse, encore plus poignantes pour elle que pour nous.

Un événement inattendu est venu hier redoubler ses souffrances et ses inquiétudes. Le matin, elle était occupée à récolter avec moi quelques légumes dans notre jardin : tout à coup nous entendîmes résonner le bruit du clairon ; nous prêtâmes, l'un et l'autre, l'oreille avec une égale attention : «Ce sont des soldats qui reviennent de la Kabylie !» me dit ma fille avec une émotion telle qu'elle fut obligée de chercher un appui, pour se soutenir. « Oh ! si mon cousin était avec eux ! sans doute l'expédition est terminée ; il rentre chaque jour des détachements nouveaux.»

Comme elle achevait ces mots, nous aperçûmes les soldats qui, du bas des collines, montaient vers nous par la route. Contrairement à l'habitude, ils avaient pris le chemin qui passe devant notre maison.

C'était une simple avant-garde ; ils étaient peu nombreux ; nous les attendîmes en silence. Quand ils furent arrivés en face de notre jardin, l'émotion de Sophie fut à son comble, ils portaient sur leur shako le numéro même du régiment où Joseph est engagé.

«Mon père, interroge-les, me dit-elle, je t'en conjure.»

Je m'avançai vers eux. Un jeune sous-officier qui marchait derrière les autres, tout couvert de poussière, harassé de fatigue, bruni par le soleil d'Afrique et les habits presque en lambeaux, s'arrêta pour me parler au moment même où j'allais lui adresser la parole.

—Brave homme, me dit-il, je me meurs de soif. Ne pourriez-vous pas me donner un verre de vin ?

—Volontiers, lui répondis-je ; et je l'emmenai vers notre maisonnette, tandis que ses camarades continuaient leur marche. Nous entrâmes : Sophie nous avait suivis, pâle comme une morte.

—Vous revenez de la Kabylie? lui dis-je, en lui offrant un verre de la seule bouteille de vin qui me restait. Depuis longtemps nous n'en buvons plus.

—Oui, me répondit-il ; l'expédition a été longue et rude : nous avons bien mérité de nous reposer un peu.

— Ne connaissez-vous point, repris-je, un certain Joseph***, qui est soldat dans votre régiment ? Il doit même faire partie de votre bataillon.

— Oui, vraiment, je le connais, et beaucoup ; c'est un bon et brave garçon ; s'il revient jamais à Alger, l'expédition que nous venons de faire ne lui aura pas été inutile. Je sais de bonne source qu'il est porté pour la croix, et il ne l'aura, ma foi, pas volée.

—Mais, m'écriai-je tout effrayé, pourquoi doutez-vous qu'il revoie Alger ? n'est-il donc pas avec vous ?

— Le soldat me regarda avec attention ; ses yeux se portèrent sur Sophie : il devina tout de suite la

vérité , et donnant à sa physionomie une expression
de bonne humeur qu'elle n'avait point eue jusque là :

— Oh! oh! me dit-il, vous êtes un parent sans doute ?
ne vous effrayez pas ; Joseph n'est pas mort : seulement il pourrait bien être obligé de rester quelque
temps dans le pays que nous quittons. On dit que
quelques uns des nôtres ne rentreront à Alger que
plus tard.

Sophie écoutait tout ce dialogue avec une anxiété
qui faisait mal à voir; les paroles du sous-officier ne
la rassurèrent pas plus que moi.

— Je vous en conjure, s'écria-t-elle, dites-moi ce
qu'il est devenu; vous le savez; vous avez vu notre inquiétude; sans doute vous craignez de nous
annoncer une nouvelle cruelle à entendre. En disant ces mots, elle joignait les mains, et pâlissait à
vue d'œil. Celui à qui elle s'adressa fut gagné par
cette émotion si vraie :

— Mademoiselle, dit-il avec une respectueuse et
triste fermeté, je le vois bien, la vérité seule pourra
réparer le mal que vous ont fait mes paroles impru-
dentes : celui qui est l'objet de votre affection, de
vos inquiétudes, a été fait prisonnier par les Arabes.

La force de Sophie l'abandonna tout à coup, en
entendant ces derniers mots; ses yeux se fermèrent
et elle tomba sans connaissance.

Quand nous parvînmes à la faire revenir à elle,
le calme du désespoir était gravé sur ses traits. Vainement le sous-officier lui dit, pour la consoler,
que son cousin avait été pris avec plusieurs autres,
que les Arabes ne tuaient pas leurs prisonniers, que
Joseph était aimé, estimé de ses chefs, et qu'il allait
bientôt se faire un échange qui le rendrait
à la liberté. Sophie accueillait toutes ces paroles avec une visible gratitude, mais elle ne ces-
sait de pleurer et n'avait pas la force de répondre.

Le sous-officier nous quitta, les larmes aux yeux ;

il ne pouvait se pardonner l'imprudence qu'il avait commise. En me serrant la main pour la dernière fois, il me fit de nouveau concevoir l'espérance que Joseph nous serait bientôt rendu. Dieu le veuille! et puisse cet heureux jour ne se pas faire longtemps attendre.

Sophie est au lit, plus abattue, plus malade que je ne l'ai jamais vue jusqu'ici. Son imagination, épouvantée par le récit des souffrances que maints prisonniers ont eu à endurer chez les Arabes, lui retrace sans cesse les scènes les plus effrayantes. Elle pleure, elle se désespère; parfois même, sa raison l'abandonne et des hallucinations terribles lui font prononcer des mots sans suite qui révèlent toutes les angoisses de son cœur. «Mon Dieu ! on le tue!... s'écria-t-elle; voir son corps ! il n'a plus de tête !...» Nous avons dû la veiller, mon fils et moi, durant toute la nuit dernière. Si le remède n'est aussi prompt que le mal est violent, c'en est fait, ma fille est perdue!

2 mai 18...

L'état de ma fille m'inspirait hier de si vives alarmes que j'ai mandé un médecin, celui-ci est aussitôt arrivé. La jeunesse de la malade, sa physionomie, sa voix sympathique, ont produit le meilleur effet sur le docteur, il a par tous les moyens cherché à calmer ses inquiétudes; ma fille l'écoutait avec une grande attention, et ses bonnes paroles n'ont point été perdues pour elle. Le hasard ou plutôt la Providence qui veille sur nous, veut que ce médecin ait suivi nos armées dans ce pays pendant plusieurs années. Il a donc pu parler à Sophie des mœurs des Arabes. Il l'a rassurée sur les dangers que les prisonniers peuvent courir entre leurs mains ; il est même parvenu à lui faire concevoir l'espérance du prochain retour de notre cher captif.

Avant de me quitter, me prenant à part, il m'a dit: J'ai pu ranimer un peu notre malade, et je m'en réjouis ; toutefois, il ne faut pas nous le dissimuler, ce moment de calme ne sera pas long. Les inquiétudes vont bientôt s'emparer de nouveau de son esprit, et les dissiper sera chose plus difficile alors que jamais. Je vais, pour le moment, tâcher de recueillir sur votre neveu des renseignements plus positifs. S'il m'est possible de les obtenir aussi favorables que je le souhaite, sans l'espérer cependant beaucoup, nous parviendrons sans doute, en les faisant connaître à votre fille, à lui donner la force d'attendre l'issue des négociations. Elles vont, je l'espère, être bientôt entamées, pour le rachat ou l'échange des prisonniers.

Mais, repris-je avec anxiété si les négociations devaient tirer en longueur, si elles n'aboutissaient point à un résultat favorable ! !

Pourquoi, répliqua le docteur, pourquoi prévoir des maux dont nous ne saurions, dès à présent préparer le remède ? ayons confiance en l'avenir.

6 mai 184....

Le docteur est de nouveau venu voir sa malade ; il en était, hélas ! grand temps. Son imagination s'exaltait, s'épouvantait encore, et mes paroles, bien que reçues avec respect restaient sans effet. Heureusement le docteur apportait avec lui un puissant remède. Il a vu le colonel du régiment auquel appartient mon neveu, et cet officier supérieur, quand le docteur lui eut exposé le motif de sa visite, lui fit aussitôt de lui un éloge aussi complet que spontané, ajoutant ces paroles : « Rassurez ceux qui sont inquiets sur

«son sort : la politique des Arabes n'est pas de tuer
«nos prisonniers ; ils les conservent pour des échan-
«ges et un échange se fera bientôt ; j'ai lieu de croire
«que des négociations se poursuivent en ce moment à
«ce sujet. Faites donc patienter les parents de votre
«protégé et dite leur qu'une noble récompense l'at-
«tend à son retour.»

Cet entretien, rapporté à Sophie, l'a comblée de
bonheur : passant de la plus vive inquiétude à une joie
extrême, elle a remercié le docteur comme elle eût
remercié Dieu lui-même.

Hélas ! tant de malheurs se sont succédés dans un
si court espace de temps, qu'ils m'ont rendu défiant,
au moment même où tout semble concourir à me
rassurer. Je tremble que l'avenir, par de nouvelles
épreuves, ne vienne ravir à ma fille l'espérance qui
l'a ramenée du bord de la tombe.

8 mai 1813.

J'avais tort de me défier ainsi de l'avenir : Dieu ne
frappe point les hommes avec une sévérité continuelle.
Sa main nous éprouve ; elle ne veut point nous jeter
à terre. Une joie aussi grande qu'inespérée est venue
me surprendre aujourd'hui : Sophie en est toute trans-
portée de bonheur.

J'ai reçu une lettre de l'homme dont je l'attendais
le moins. Mon beau-frère s'est souvenu de nous, et
désormais solitaire par la mort de sa femme et le
départ de son fils, il a senti le remords et la tristesse s'emparer de son cœur : ces deux sentiments
nouveaux lui ont rappelé le souvenir de ceux qui lui
ont, depuis longtemps, pardonné ses torts.

Un visible embarras règne dans toute sa lettre ; on
sent qu'une mauvaise honte le retient encore. Il me
demande un service, me dit-il, celui de prendre ici

des informations sur son fils qui l'a quitté pour s'engager, et cela par un motif qui n'en valait pas la peine. Puis il m'entretient de choses indifférentes et termine par quelques mots affectueux. Sophie même n'est pas oubliée.

Quelle que soit cette lettre, le premier pas est donc fait ! Le coupable a reconnu sa faute. Oh ! avec quel bonheur je lui ai de nouveau ouvert mes bras !

Ma réponse est partie déjà : jetant à jamais un voile sur le passé, j'ai écrit à mon beau-frère comme si nous eussions été toujours unis par les liens qui eussent dû n'être jamais rompus entre nous. Je lui ai annoncé la mort de ma femme ; je lui ai fait part de toutes mes souffrances ; je ne lui ai point caché que j'ai revu ici son fils et je lui ai appris le malheur qui avait frappé ce pauvre enfant. Toutefois, j'ai cru devoir imiter sa réserve, et je me suis bien gardé de parler du mutuel amour de Sophie et de mon neveu. J'attends sa réponse avec une extrême impatience. Plusieurs fois par semaine, je vais aussi demander à Alger des nouvelles du captif ; on n'a pu encore me dire rien de précis.

L'anxiété de Sophie lui donne une force factice qui pourra durer quelque temps encore, le docteur me l'affirme : il espère que d'heureuses nouvelles nous seront transmises avant que cette crise favorable ne soit passée ; je veux bien partager son espoir et croire encore au bonheur !

22 mai 18,....

La lettre que j'ai écrite à mon beau-frère a produit un effet auquel j'étais loin de m'attendre.

Hier soir, ma fille, mon fils et moi, nous étions réunis dans la plus grande salle de notre maison ; nous nous entretenions, comme toujours, de ce bon et cher prisonnier, dont nous voudrions abréger la captivité, au prix même de notre sang.

Tout à coup nous entendîmes des pas qui s'approchaient de notre demeure. Sophie devint toute pâle d'émotion, et moi, presqu'aussi troublé qu'elle l'était, je dis tout haut :

—Qui est-ce qui vient nous voir si tard ?

Aussitôt on frappa à notre porte. Nous allâmes tous les trois pour ouvrir, ne doutant pas que ce ne fût mon neveu ou tout au moins un messager envoyé pour nous dire que ce cher enfant allait nous être enfin rendu. Je ne saurais peindre notre surprise lorsque nous nous trouvâmes en face de son père lui-même.

Nous nous embrassâmes comme deux frères que les circonstances seules auraient séparés l'un de l'autre. Il paraissait au comble du bonheur de nous avoir retrouvés.

Quand notre commune émotion se fut un peu calmée, il nous dit :

—Mes amis, lorsque j'ai reçu votre lettre, j'avais déjà le désir de venir vous voir. Affligé comme vous, ayant comme vous perdu ce que j'aimais le mieux au monde, je ne pouvais plus vivre dans ce village où j'étais désormais seul. Votre lettre a achevé de me séduire, en même temps qu'elle redoublait mes craintes au sujet de mon fils. Le reverrons-nous bientôt?

—On nous le fait espérer, lui répondis-je ; mais cet espoir est bien lent à se réaliser.

En entendant ces mots, mon beau-frère parut profondément affligé.

—J'avais cru le retrouver ici, nous dit-il, pardonnez-moi ma tristesse ; mais, inquiet comme je le suis au sujet de mon fils, je ne puis m'abandonner à la joie de vous avoir revus, avant que je ne l'aie retrouvé lui-même.

Quel maître puissant que le malheur! Comme il change le cœur de l'homme! Telles étaient les réflexions qui me venaient à l'esprit, à mesure que je considérais mon beau-frère avec plus d'attention. Quelle transformation subite s'était opérée en lui! Cet homme, si orgueilleux autrefois, si dur même, était devenu modeste et affectueux. La mort de sa femme, le crime de son frère, le départ de son fils, avaient brisé cette âme superbe.

Nous passâmes avec lui une douce soirée; il écouta avec le plus vif intérêt le récit de nos malheurs, et je surpris dans plusieurs de ses paroles un regret sincère, quoique caché, d'en avoir été peut-être une des causes.

Puis il nous raconta tout ce que lui aussi avait souffert, et, chose étonnante, il ne nous dissimula pas que son frère venait d'être condamné à de longues années de prison. Ceci me fit comprendre mieux encore comment il avait pu quitter aussi brusquement l'Alsace, pour venir nous visiter dans notre nouvelle patrie.

24 mai 181....

Hier, j'ai eu un long entretien avec mon beau-frère. Nous étions sortis de bonne heure, pour visiter mon champ et les environs de notre maison; quand nous fûmes à quelque distance dans la campagne :

— Frère, me dit-il, en me tendant la main, le passé est-il oublié, tout à fait oublié entre nous?

Je serrai cordialement la main qu'il me présentait.

— N'en parlons plus jamais, lui répondis-je, vous m'affligeriez beaucoup en rappelant ces souvenirs.

Mes paroles parurent le toucher jusqu'au fond du cœur, il continua:

«Dès aujourd'hui, je vais à Alger pour m'entendre

avec les chefs de mon fils sur les moyens de nous le faire rendre aussitôt que possible. Mais avant de ramener ici cet enfant, si Dieu permet que je le retrouve, il est temps que nous nous consultions ensemble sur une grave question. Le désir de revoir votre fille l'a seul amené ici ; je le sais, je ne m'oppose plus à ce qu'il l'épouse ; mais alors me faudra-t-il donc retourner seul en Alsace, ou emmenant votre fille et mon fils, vous laisser seul ici? est-il même probable que Sophie consente jamais à vous quitter ? Avouez-le, mon frère, voilà une difficulté bien embarrassante».

Une solution se présentait à mon esprit : mon beau-frère pouvait rester avec nous. Mais lui-même avait dû y penser ; s'il ne m'en parlait point, c'est qu'il y voyait de trop grands obstacles; aussi ne croyant point à propos de la lui proposer, je gardai le silence. Il reprit : «Quels liens vous retiennent ici? Venez avec moi; vous trouverez à vous occuper dans mes champs, nous les gérerons ensemble, nous verrons prospérer nos enfants, et nous serons heureux.»

Chose étrange ! cette proposition, qui m'aurait séduit il y a quelques mois, me trouva froid.

—Merci, mon frère, merci, répondis-je ; je veux mourir ici ; ma femme y dort déjà, je ne veux point abandonner sa tombe ; je ne veux pas non plus dire adieu à ce beau soleil, a cette douce atmosphère, à cette terre nouvelle où le travail est pénible d'abord, mais assuré plus tard d'une large et noble récompense. Je vous l'avouerai, moi aussi, je me sens pris de cet invincible amour que l'Algérie inspire à tous ceux qui l'ont connue.

—Il faudra donc que je reparte tout seul, murmura le pauvre homme, en baissant tristement la tête. Ce n'est point là ce que j'avais espéré ; Dieu est pour moi bien sévère !

Peu d'heures après, il nous a quittés : «Adieu, nous

a-t-il dit, ou plutôt au revoir ; mais je ne reviendrai point ici sans mon fils !»

1er juin 1843.

Nous n'avons point reçu de nouvelles de ceux dont le sort nous inquiète tant. Ma fille se meurt d'inquiétude. Je lui ai appris combien les sentiments de son oncle sont changés à son égard. Mes paroles l'ont d'abord rendue heureuse ; mais aujourd'hui elle tremble de voir ses espérances brisées tout à coup par la mort au moment même où l'obstacle qui la désolait vient enfin de disparaître.

1% juin 1843.

Ce sera pour nous une journée à jamais bénie que celle du 10 juin ! avec le bonheur, une immense espérance est entrée, dans mon âme, et maintenant, jetant sur l'avenir un regard confiant et joyeux, j'y vois une longue suite de jours sans nuage succédant aux mois affligeants que nous avons si lentement, si cruellement mesurés depuis notre arrivée.

Il y a trois jours, nous nous endormîmes ou plutôt nous nous couchâmes, car le sommeil ne nous était guère possible, bien affligés, bien inquiets. Depuis le départ de mon beau-frère, chaque journée avait vu diminuer les espérances et les forces de ma fille. Ce soir-là, elle était tellement abattue, que je craignais qu'elle ne pût pas se lever le lendemain matin. Je la croyais même frappée à mort !

Quand parut le jour, elle était si malade, que je jugeai prudent de ne pas la quitter. Vers onze heures, un soldat frappa à notre porte ; il m'apportait une lettre. Je la reçus dans la première salle ; Sophie était couchée dans une pièce voisine ; elle ne put voir le message qui m'était remis. J'ouvris cette lettre en tremblant, car j'avais reconnu l'écriture de mon beau-frère. Elle ne contenait que ces quelques mots qui me comblèrent de joie : «Après mille fatigues, je «ramène enfin notre prisonnier ; il a eu beaucoup à «souffrir des sauvages aux mains desquels il étai «tombé ; mais nos soins et par-dessus tout, le bonheur, «l'auront bientôt guéri. Préparez notre chère Sophie «à cette grande joie ; nous serons auprès de vous ce «soir.»

La mission que j'avais à remplir était aussi douce que délicate ; aussi pris-je toutes les précautions possibles pour que l'excès mêmedu bonheur ne fît point de mal à ma fille, dont la sensibilité nerveuse était surexcitée par une longue suite de malheurs et d'inquiétudes.

Quelque prudent que je fusse, elle me comprit plus tôt que je n'aurais voulu et versant des larmes en abondance, remerciant Dieu, cherchant à comprimer les battements de son cœur, elle m'inspira d'abord de vives alarmes. Mais le calme se remit peu à peu dans son être et je pus jouir enfin d'un bonheur sans mélange.

Quand l'heure où nos voyageurs devaient arriver fut proche, elle me demanda de la conduire au-devant d'eux. Toute faible qu'elle était, je ne lui refusai pas cette joie si longtemps attendue....

Mais, au bout de peu de temps, son émotion devint si forte, qu'elle ne put continuer et s'assit sur un tronc d'arbre.

Peu d'instants après, une voiture s'avança vers nous au galop et mon œil distingua ceux que nous étions venus chercher. Avec quelle ivresse nous nous embrassâmes ! Quelle joie inondait nos cœurs !

Puis, nous fîmes remonter mon neveu dans la voi-

ture ; il était pâle et maigre, mais son œil plein de
vie, mais la joie ineffable qui brillait sur son front
me rassuèrent ; et faisant asseoir Sophie à côté de
lui, nous continuâmes, mon beau-frère et moi, notre
route à pied.

A la fin du souper, mon beau-frère, apportant une
bouteille d'un vieux vin de notre pays, en versa dans
nos verres et élevant le sien :

«A la santé de ma belle et bonne Sophie, dit-il ; à
la santé de son fiancé ! Puissent ces deux enfants
être ensemble aussi heureux qu'ils le méritent !»

Nous saluâmes ce toast avec un empressement que
l'on devine sans peine, et mon beau-frère, reprenant
la parole, nous dit alors :

«Mes amis, l'heureux fiancé va nous raconter toutes
ses aventures, et vraiment toutes glorieuses qu'elles
sont, vous ne les entendrez pas sans frissonner. Mais
moi je veux avant tout vous annoncer quelques
bonnes nouvelles que j'ai réservées pour le dessert.
Et d'abord, il n'est plus soldat ; c'est une belle carrière où il se fût distingué sans doute, mais j'ima-
gine que Sophie ne sera pas fâchée de cette décision. Toutefois, notre brave quitte l'armée avec tous les
honneurs : son colonel lui a donné aujourd'hui même
une récompense que je l'autorise maintenant à offrir comme cadeau de fiançailles à Sophie.»

Retirant alors d'une petite boîte une croix d'hon-
neur, Joseph la présenta à ma fille qui devint toute
rouge de contentement.

Puis mon beau-frère continua :

«Et maintenant, mes enfants, j'ai à vous faire part
d'un projet que vous n'accueillerez peut-être pas
avec autant de plaisir ; mais je vous sais indulgents.
Une grande concession est à vendre près de Bouffarick ; je l'ai aperçue, en revenant avec mon fils ;
j'ai l'intention de l'acheter et de m'y établir avec
vous. Vous verrez bientôt que je ne suis point, en
réalité, aussi méchant que j'en ai l'air.»

L'empressement cordial avec lequel nous accueil-
lîmes cette ouverture parut causer la plus grande
joie à mon beau-frère. Il me prit la main avec force:

—Joseph, je vous avais méconnu, me dit-il?

— Cher frère, repris-je, n'est-il pas convenu que le
passé est oublié à jamais?....

Le reste de la soirée se passa à écouter le récit que
mon neveu nous fit de ses aventures au milieu des
Arabes. J'avais d'abord l'intention de les rapporter
ici en abrégé ; mais il m'a paru que ces intéressants
détails perdraient à être écourtés. Plus tard, au milieu des loisirs que l'avenir me réserve, je les con-
signerai sur un autre cahier. Celui-ci me paraît suf-
fisamment rempli par l'histoire des épreuves au milieu desquelles nous avons marché, comme naguère
les Hébreux à travers le désert où chacun de leurs
pas, marqué par une souffrance, était un achemine-
ment vers la terre promise. Seulement, les Hébreux,
guidés par la nuée lumineuse, ne pouvaient douter
que Dieu lui-même ne prît soin de les conduire
dans leur route. Mais nous, cheminant en apparence
sans conducteur, nous n'avons découvert qu'à la fin
quelle main tout aimable et toute-puissante avait
daigné nous conduire au bonheur par une voie ar-
rosée de tant de larmes.

FIN.